男の中の男・開国の先駆者

榎本武揚の点描

根津静江著

榎本武揚

（出所）国会図書館

ふるさとや　埋もれる記録　春日さす

（静女）

はじめに

蝦夷地の一寒村にすぎない箱館が歴史の表舞台に登場、そこに関わる人達の中で榎本武揚こそ「男の中の男」として畏敬の念やみがたく筆をとった次第です。

目　次

一　幕臣・榎本武揚　義に生きた半生

箱館の由来と榎本の足音

はこだて　蝦夷地箱館（現函館市）は榎本武揚の由縁の地となった。

函館山は、地質時代でいう中新紀末期の火山活動や地殻変動により出現し、一三〇年前に現在の原型が形成された。暫く浮島で、長い年月の海峡流による漂砂で蝦夷（亀田）半島と繋がった**「陸繋島」（トロンボロ）**である。函館の中心街はトロンボロ（陸繋砂州）の上にある。

巴状の湾は、天然の良い湊（みなと）であり、この地形が「港町函館」を決定づけることになった。後述するペリー（アメリカ提督）が「世界一立派な港のひとつである」と称賛されている。

先史時代人の生活を知ることが出来るのは、およそ一万二〇〇〇年前から八〇〇〇年前からである。谷地頭・青柳・千代台・梁川・亀田本町・西桔梗・日吉・中野町（函館空港）・その他に遺跡が確認され、発掘された出土品も多い。

特に竪穴住居跡や国内最大級の盛土遺構がある南芽部町の遺跡は、その価値が認められ二〇〇九年、「北海道・北東北を中心とした縄文遺跡群」として世界遺産暫

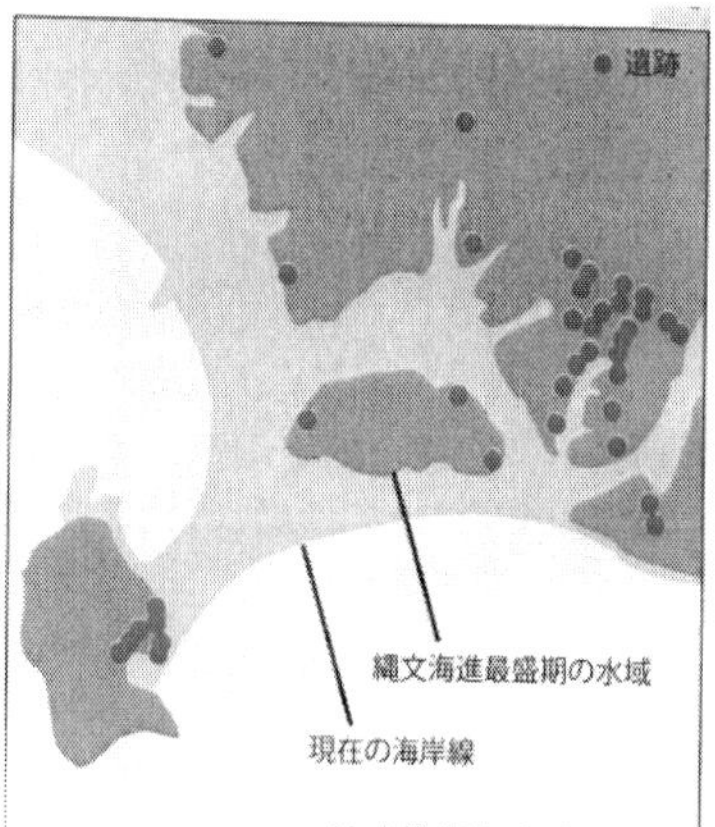

沈水海岸と遺跡の分布

定一覧表に記載されている。そして現在、世界遺産登録にとの運動が大詰めになっている。はこだては、太古の時代から人々の営みと共に時代を刻んできている。
はこだては古来「宇須岸」と呼ばれ、室町時代に「箱館」、明治二年に「函館」と改称されてきた。
(関連　いずみ「はこだて」の由来)

歴史への表舞台　蝦夷地の一寒村だった箱館が歴史の表舞台に登場するのは、江戸時代の北前船の活躍と幕末のペリー来航・開港である。鎖国下のこの二つの歴史の事実は明治維新と榎本武揚に繋がっていくのである。

何故江戸時代、約二百数十年余り鎖国できたのか。その理由の一つは日本に世界が必要とする商品がなかったからである。安土・桃山時代から江戸初期にかけて日本は、世界に向けて大量の銀を供給したが、ほぼ掘り尽くしたので、世界の人がわざわざ極東の日本に来て欲しいものがなかったのである。

何故ペリーは鎖国の日本に来たのか。日本列島の存在が新たな価値を持ってきたからである。当時のアメリカは、北太平洋で盛んな捕鯨業の補給基地確保を必要としていた。

更に重要なこととして、中国（清国）市場をめぐりイギリスと競い始めていた。しかし、イギリスが経済・海洋覇権を持っていたインド洋回りでは勝てなかった。交易にはニューヨークからロンドン間の運賃を上乗せするからである。そうなると、太平洋航路を開き中国市場に直接結びつくしかない・・・アメリカにとって日本は、中国への玄関口"ゲートウェイ"だったのである。

箱館・開港　ペリーは日本の開国を求めて嘉永六年（一八五三年）浦賀に、翌年に江戸湾に再航し、横浜で**日米和親条約**を締結し、下田・箱館の開港が決定された。条約締結後、ペリーは箱館に来航し湾内測量や物品調達をした。箱館は、この翌年の安政二年（一八五五年）三月から開港した。

世界の列強国も条約交渉の要請を行うようになってきた。安政五年、幕府はアメリカをはじめイギリス、ロシア、オランダ、ドイツ、フランスの五カ国と**修好通商条約**を締結して、翌安政六年（一八五九年）に箱館、横浜、長崎、神戸、新潟が貿易港として開港した。（なお、安政五年の条約は"安政の五カ国条約"、勅許を待たず調印したので安政の仮条約と呼ばれ、尊皇攘夷運動の激化の一つとなった）

修好通商条約は諸国と人物の自由な往来が可能になったという点で本質的な開港であった。（一般的に函館で開港一〇〇周年とはこの年の開港が起算年となる）

この事により、箱館は文明開化の華が開き、日本を代表する北の国際都市・港町として欧米に広く知られるようになったのである。
（関連　いずみ「日米和親条約と日米修好通商条約」

老中首座・阿部正弘　黒船来航は、明治維新の契機ともなったのである。その時、幸運なことに徳川十三代将軍家定のもとに阿部正弘という老中首座（首相）がいた。大変な洞察力などに勝った人物であった。

老中首座阿部正弘はアヘン戦争争（清国と英国の戦争）等の世界動向を研究し、軍事力や経済力の列強との差異を認識していた。黒船来航を皮切りとした列強からの開国要求という危機に際して、阿部正弘 は、有力大名との連携により「安政の改革」と呼ばれる画期的な措置をおこなった。

阿部正弘は開国・交易によって豊かな国をつくり「富国強兵」をしなければならないというグランド・デザインを描いていたのである。この構想は明治維新政府に影響を与えた。
（関連　いずみ　老中首座阿部正弘）」

こうした中、開国推進か、攘夷かという国論を真っ二つになってきていた。
土佐、長州、薩摩、肥後藩（西南雄藩と呼ばれている）に尊王攘夷の機運が高まった。

「尊王攘夷」は反幕府・討幕の旗(スローガン)となり、明治維新後の国造りはそれよりも以前の幕府・老中阿部正弘の戦略的デザイン(提言)の延長線にあったといえるのであろう。

明治維新後、本格的な新政府を確立した大久保利通は、阿部正弘のグランド・デザインを採用したのであり、「富国強兵」による日本の近代化を大いに推し進めたのである。この事により、当時、植民地化されたアジアの国々やインドなどに比べれば、日本は有利な立場に立ったのである。

倒幕に向かう薩摩・長州などは「尊皇攘夷」で対抗したが、薩英戦争や下関戦争(馬関戦争とも)に負けたので、攘夷では駄目だと身をもって知っていたのである。

二百年以上続いた鎖国を解く為には、どのくらいの準備期間が必要だったのだろうか。時は列強国が我先にとアジアを狙い始めた時代、産業革命を身にしていない日本が列強国と対等の関係を築くことの方が難しい。日本は転機を迎えていたのである。

メモ　薩英戦争　文久二年年八月に藩士がイギリス人四人を殺傷した(生麦)事件の謝罪と賠償を求める英国と、これを拒否した薩摩藩が文久三年(一八六三)七月に交戦状態となった。十月に和平が成立。西欧文明の優秀さと軍事力を思い知らされた薩摩藩は、イギリスと急接近するようになり、結果的に討幕に向けた大きな力を得ることになった。

下関戦争　元治元年（一八六四）八月、英・仏・豪・米の連合艦隊が長州藩に迫り、下関戦争となる。長州藩は、攘夷実行の為とし、下関海峡沿いの砲台から砲撃を加えていた（最初、前年五月、アメリカ商船）。下関を砲撃、上陸したイギリスは、前田砲台を占領、砲身は戦利品として奪われたという。イギリスは薩英戦争の経験から砲弾による対話で長州との関係を築こうと考えていたと言われる。結果的に、長州藩は完敗し、攘夷が不可能であることを身をもって知る事になる。

（関連　後記「戊辰戦争」）

武揚の半生と箱館への行程

父円兵衛　父の円兵衛は備後国箱田村の郷士の家の出身で、榎本家に婿養子として入るまでは箱田良助と名乗っていた。少年時代に江戸に出た良助は暦法の研究を志し、当時の天文方出仕であった高橋景保や伊能忠敬に師事した。

やがて伊能の内弟子になった良助は文化六年（一八〇九年）伊能忠敬が幕命によって九州地方の測量を行った時、その従僕として測量の旅に出掛けている。

この時以来、箱田良助は常に伊能忠敬の測量の旅に随伴し、測地の専門家として、世に認められるようになった。文政元年（一八一八年）二十八歳の時に、良助は御徒士榎本家の株を千両で買って榎本家の婿養子となり名を榎本円兵衛武規と改めた。

五人扶持五五俵の直参になった円兵衛は伊能忠敬が企てた**「大日本沿海輿地全図」**（伊能図といわれる）を伊能忠敬が死んだ後の文政四年に完成させ、文政六年には天文方出仕を命じられた。

父親は伊能忠敬に師事した

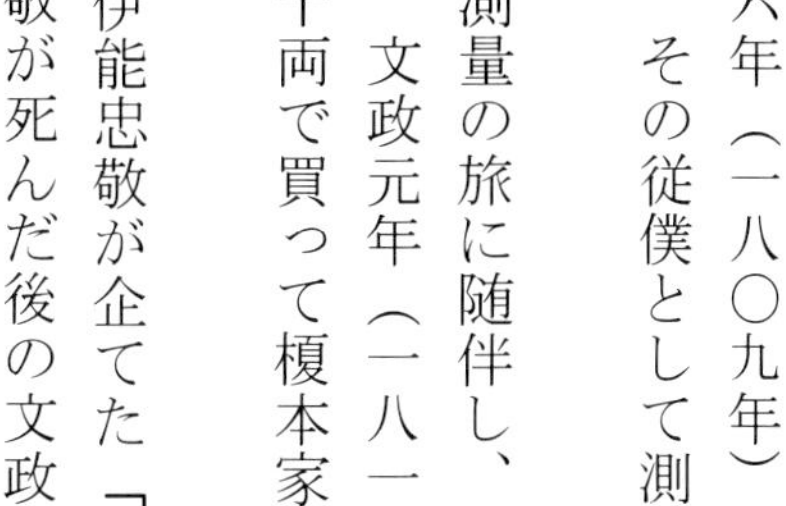

円兵衛はその後将軍の側近として働き、将軍の信頼を得ているが、最初の妻が病死したため、一橋家の家臣の娘を後妻に迎えた。琴というこの後妻との間に姉らく、長男勇之助、妹・うたが生まれたが、次男の釜次郎（後年の榎本武揚）が理数系の学問に強く、徳川家に対する忠誠心が強かったのは父親の血と家庭環境によるものであるのか。

（関連　いずみ「伊能地図とシーボルト事件」）

少年時代　榎本武揚は天保七年（一八三六年）八月二十五日江戸下谷の御徒町で榎本円兵衛武規次男として生まれた。榎本家は代々、御徒士として徳川幕府に仕え直参の身分で、武揚が生まれたのも御徒士の組屋敷であった。通称、釜次郎である。

少年時代の釜次郎は、温和で勉強好きの子であった。嘉永三年（一八五〇年）、幕府が設立した学問所**昌平黌**（しょへいこう）に入学して儒学を学んだ。日本沿海に異国船が頻繁に姿を現し始めた頃である。

釜次郎は次第に海防への関心を深めていったという。十八歳ころには、昌平黌の学問に見切りをつけ、父・円兵衛のすすめもあり（「コラム」）、箱館奉行、**堀利煕**のもとで小姓を務めていた。安政一年（一八五四年）三月、奉行に従って蝦夷地から樺太への巡察に随行した。堀利煕が村垣憲正とともに樺太を視察することになったのはかのロシアのプチャーチンの長崎来航のためだった。

樺太への巡察は、箱館から出発し、日本海回りで宗谷に至り、樺太に達し、樺太から根室、太平洋沿岸を踏破し帰還した。この時、榎本武揚と共に島義勇が加わっていた。これがその後の北海道開拓の歴史に大きく影響することになる。

（コラム）　父の想い子へ

父円兵衛は釜次郎を未知の土地に送る。円兵衛も地図の上でしか知らない北蝦夷である。蝦夷とは今の北海道。北蝦夷とはその蝦夷の北端宗谷から更に海を越えたカラフトである。

文字通り未知の地である。円兵衛は、堀利熙を訪ね、釜次郎を堀の従者にと頼み込んだ。釜次郎に知らない世界を見せることへの思いが察せられる。円兵衛は前年の嘉永六年（一八五三年）の黒船来航は一人で見たが、この年は釜次郎と二人で見た。七隻の異国の軍艦の姿は、一八歳の釜次郎の心の底に焼き付いた。父はそれを強く感じたのだろう。

この時代、海を利用すると陸地の数倍の速さがあった。いや、海はそれよりも世界を結ぶ大きな道であるのだ。　アメリカもロシアも、むろん、オランダや隣国の清も海を利用して日本へ来た。やがてイギリス、フランスもやって来る。　二百数十年前まで、日本人も海を使って世界の様々な国へ行った。　頑なに守った鎖国の時代は終わろうとしている。四面とも海に囲まれながら自ら閉ざしていた・・・しかし、これからは違うはずである

釜次郎は父が教示してくれた世界への道を歩み始めた。それがたとえ極北の地であろうと、そこに向かっていく姿を、さっき見た黒い艦船の姿に重ねるのであり、体内に躍動が起こったであろう。

釜次郎は、箱館奉行・堀の北蝦夷巡察随行を勤め上げた。後年、戊辰戦争で江戸を脱出して北辺の大地を目指したのも、このような体験があったからかも知れない。

海軍伝習所　嘉永六年（一八五三年）ペリーが率いるアメリカ艦隊とロシアのプチャーチン艦隊が相次いで来航し、幕府が開国要求に応ぜざるを得なくなった後の事である。海軍の創設が緊急の課題になった時、長崎に来航したオランダ海軍の艦長が海軍士官を養成する学校の設立を勧告し、随伴していた蒸気船スームビング号を幕府に献上したのである。

この勧告に基づいて幕府は安政二年七月、長崎に海軍伝習所を設置することを決定し、伝習所の総取締には長崎に駐在してオランダとの交渉に当たっていた幕府目付の永井尚志を任命した。また第一期の伝習生として矢田堀景蔵、勝麟太郎（後の勝海舟）ら幕臣三一人を選んだほか、諸藩の藩士一五〇人も伝習所で学ぶことを許した。伝習所での教科は、航法、艦船運用、造船、砲術、測量、教学など多岐にわたり、スームビング号の艦上で操帆訓練も行われたという。

榎本釜次郎は、海軍伝習所の第二期生である。安政四年、江戸に戻っていた釜次郎は大目付伊沢美作守に頼み込み、第二期伝習生に加えてもらったのであった。

伝習所第一期生の多くが江戸築地の軍艦操練所に教官として赴任した時、勝麟太郎は長崎に残り、第二期生の面倒をみる役を務めた。勝海舟と榎本武揚の関係は、この時に始まったのである。

伝習所での釜次郎はまじめに勉強し、成績も優秀であった。安政四年にオランダに発注していたヤーパン号（のちに咸臨丸と改称）が長崎に到着すると、釜次郎はこの船に乗り、九州沿海の航海訓練に参加している。

安政五年、伝習所の教育訓練を終えた釜次郎は、優秀な成績を評価されて築地の海軍操練所教授に任命された。二十三歳であった。この頃から釜次郎は武揚を名乗っている。また江川太郎左衛門の屋敷に寓居していた中浜万次郎（通称　**ジョン万次郎**）について英語を学び、万次郎から汽車や汽船などアメリカの事情を聞いて海外へ渡航する夢を抱いたのである。

オランダ留学　海外渡航の夢は二十八歳の時に来た。文久二年、榎本釜次郎が幕府のオランダ留学生十五人の一人に選ばれ、六月十八日に咸臨丸で品川沖を出帆したのである。留学生一行がオランダの首都ロッテルダムに到着した時、民衆は「日本人万歳」と叫んで歓迎したという。

その時、オランダの海軍大臣はカッテンディーケで外務大臣を兼ねていた。カッテンディーケは榎本が海軍伝習所に学んだ時の筆頭教授であり、榎本との再会を楽しみにしていた。また、伝習所で医学や化学を教えていたポンペ医師が長崎から呼び戻され、一行の世話をしたことも釜次郎には心強いことであった。

榎本は、ハーグの海軍兵学校で諸学科を本格的に学び始めた。測量術、船舶運用術、砲術などから蒸気機関学に至るまで研修の分野は多岐にわたったが、化学の研究にも熱心に取り組んでいた。

榎本らがオランダに留学して半年余り経った時、プロシア・オーストリア連合軍とデンマークの間で戦争が起こった。デンマークとプロシアの間で争われていた領土問題がもつれて戦争になったのである。榎本は国際観戦武官として、この戦争を観る機会を与えられ、最新式の兵器や戦闘の進行状況を眼のあたりにみる（学ぶ）事が出来たのであった。幕府の海軍造船所で造船技術の研究をしていた赤松則良も榎本と共に観戦武官として従軍している。

釜次郎時代の榎本

国際法の研究　ここで海の国際法の研究に努力したことは特筆することである。榎本の生涯を左右することになったからである。

当時、フランス人の法学者オルトランが著わした『海の国際法規と外交』という書物は、海に関する平時と戦時の国際法を解説したものとして、欧米諸国の規範になっていた。このフランス語の書簡をハーグ大学の教授フレデリクスがオランダ語に翻訳していた。榎本はその手書き草稿の写本を教授から贈られたのである。

オルトランが留学生に教授用に渡した書物は「概要版」であったが、榎本は何度も読み返し、質問をし、この熱心さにオルトランも「私よりも研究している」と感銘し、書物全体の写本を榎本に贈った。

榎本はこの著作写本を**『万国海律全書』**と名付け、オランダから帰国した後も常に持ち歩き愛読していた。『万国海律全書』は国際的価値を持つオランダ留学の成果そのものであった。

だからこそ、箱館戦争に降伏し、死を覚悟した時、榎本は「この書が烏有に帰するのは忍びがたい」と言って敵将黒田清隆に贈ったのである。〟託した〟とも言える。

贈られた黒田も、国際的な海事事件を治める基準となる書物として無くするのは惜しいとして丁重な扱いをした。

「万国海律全書」

榎本がオランダ留学時に肌身離さず携えていたオルトラン著「万国海律全書」は国際的な海事事件を治める基準となる書である。

箱館戦争に降伏した榎本は死を覚悟した時、この書をなくすのは惜しいと思い、これを敵軍の大将である黒田清隆に贈った。この書は表紙だけが、日本語で書かものであったが、後年翻訳された。

後に、黒田に渡した「万国海律全書」は、現在、宮内庁の書陵部が所蔵している。

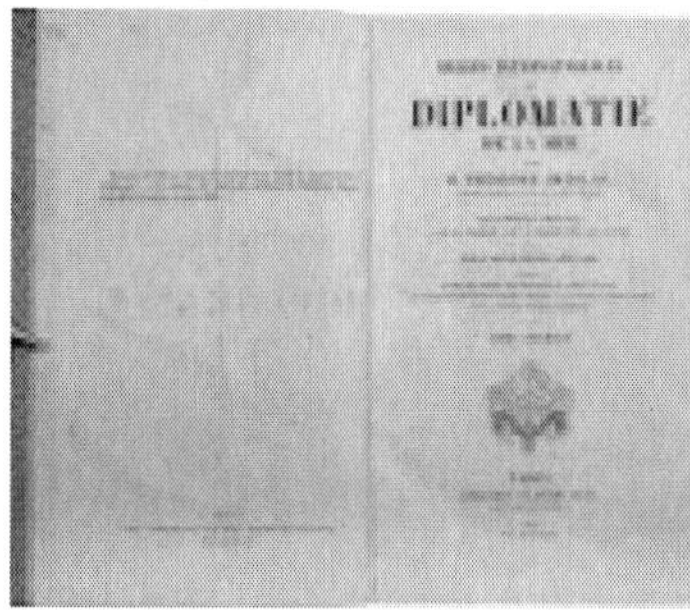

五月雨や　有為転変　稀書の紐

（静女）

開陽丸の建造・帰国

留学生派遣の目的の一つは、軍艦を無事に持ってくることであった。留学生一行がそれぞれの専門分野で研究に勤しんでいる間に、幕府がオランダ政府に発注した軍艦の建造も進行していた。元治元年（一八六四年）十月にはドルトレヒトの造船所で建造中の軍艦の命名式が行われ、**「開陽丸」**と名付けられた。翌慶応元年（一八六五年）九月に開陽丸の進水式が盛大に行われ、榎本らは列席した海軍大臣カッテンディーケと再会している。

開陽丸が竣工したのは、慶応二年七月十七日、建造期間は竜骨の据付から三年半であった。開陽丸は木造三本マストの蒸気軍艦で、排水量二八一七トン、長さ二四〇フィート、幅三九フィートで装砲二六門を備えていた。当時としては最新鋭の軍艦であり、帰国した榎本の指揮によって戊辰戦争や箱館戦争に活躍した榎本と運命を共にした軍艦であった。

開陽丸が竣工したことにより、留学生の多くは帰国することになり、慶応八年十月二十五日、開陽丸はオランダのフリシンゲン港を出帆した。

開陽丸は、南アフリカの喜望峰を回って、インド洋に入り、慶応三年三月二十六日、横浜港に投錨した。オランダを出帆して百五十七日、往路に比べて航海日数は大幅に短縮されていた。榎本らの留学生一行が、咸臨丸で品川沖を出航したのが、文久二年六月

開陽丸

江差町開陽丸記念館

八日、帰国まで四年九ヶ月余りの留学であった。

多津と結婚　慶應三年（一八六七年）、帰国した三十二歳の榎本は、留学生の一員で榎本らが帰国後もオランダに残って医学研究を続けている林研海の妹・多津と結婚した。林研海は幕府御典医林洞海の長男で、後に明治政府の陸軍軍医総督になり、出張中のパリで客死した人物である。多津は十六歳の深窓の中で育てられ和漢の書にも通じた聡明な女子であった。「留学生の中で最も大きな夢を見る事が出来るのは釜次郎様だ。釜次郎様の頭の中にはいつも地球儀があるようだ。留学の兄から届いた手紙の中でこのように書いてありました」と榎本を敬愛した。

結婚直後の戊辰戦争から投獄、そして出獄、明治政府文官として北海道での鉱山探査から外国駐在など、殆ど家に留まることのなかった釜次郎の多津に対する手紙には、不穏な情勢の中「元気なので心配ないように」という便りをしている。優しい家庭人の人柄であった。

結婚してまもなく、幕府の軍艦頭を命じられて和泉守武揚と名乗ることになった。榎本は神田和泉町に住んでいたことからである。

榎本が留学している間に、日本国内の情勢は激変していた。開国か攘夷か、倒幕か尊重かで世情は騒乱し、政争は混迷を深めていた。

結婚間もない二人がゆっくりできる社会状況ではなかった。

戊辰戦争と榎本武揚

戊辰戦争　数々の権謀術数が飛び交い、やがて戦闘は避けられない状況になっていった。遂に、慶応四年（一八六八年）一月三日夕方、京都南効の鳥羽・伏見で戦端が開かれた。この戦いは、戊辰戦争の初戦となった戦いである。戊辰戦争は箱館戦争に至るまでの総称である。戊辰戦争をめぐる関係は極めて複雑であったが、一言でいうとつぎのようであった。

欧米列強に対抗できる新しい国家体制に、幕藩体制をどう組み変えるか、その変革の主導権を誰が握るかを争った権力闘争であった。

土佐藩を中心とする公武合体派は、徳川家を含めた雄藩連合政権と朝廷が協力する体制を目指し、土佐藩の勧めを受け入れて、大政を奉還した将軍徳川慶喜は、その政治体制の中で徳川将軍家の政治権力を保とうと考えていた。

一方、倒幕論で同調した薩摩藩と長州藩は、権威回復を期待する岩倉具視らの公卿を抱き込んで、王政復古のクーデターを行い、天皇親政の旗印の中で主導権を握ろうと考えていた。

これに対し、会津・桑名の両藩や新撰組などは、将軍家を追い詰めようとする倒幕派の策動に憤激し、とりわけ薩摩藩に対して、敵意を燃え上がらせていた。こうしていったんは京から大阪に退いた幕府軍は薩摩討伐を掲げて京に進撃し、慶応四年（一八六八年）鳥羽・伏見の戦端が開かれたのである。

しかし鳥羽・伏見の戦いは、簡単に決着がついた。幕府方の兵数一万五千人は薩摩藩兵の三倍であったが、戦意があったのは会津・桑名、新選組ぐらいで烏合の衆であった。薩摩藩がイギリスから輸入した重火器（参考「メモ」）に撃ちまくられ死傷者が続出した。また、薩摩藩が掲げる錦の御旗に立ちすくみ、陣容が乱れたこともあって敗退したのである。

この「錦旗」は、薩摩の大久保利通が岩倉具視と謀って事前に用意していたと伝えられている。大久保と岩倉が共謀し、京都の織物問屋から買い集めた金糸、銀糸で作製し菊の紋章を縫い付けたというのが定説となっている。掲げられたのは薩摩藩屋敷内といわれる。しかし、当時は本物かどうかなど調査できる訳もなく、「天皇の意志に基づきそれを妨げる賊臣を討つ」が倒幕の大義となっていくのである。

こうして薩長を中心とする倒幕は「官軍」、幕府側は「賊軍」としての戦いが進められていった。

メモ：薩摩藩は薩英戦争後、イギリスに急接近、北前船からの昆布や海鼠を中国と密貿易をして得た財政を軍備増強にあてていた。長州藩は下関戦争後の恭順のため、イギリスから武器の購入を行っていた。蝦夷地は幕末から明治への歴史の裏舞台であった。なお、幕府はフランスとの関係が密接であった。

榎本らの行動　この時、榎本武揚はどうしていたか。

榎本を艦長とする開陽丸は富士山丸、蟠竜丸、翔鶴丸とともに兵庫港に停泊していた。そこに入港した薩摩藩の春日丸など三隻が停泊命令に従わずに港を脱出したため、一月三日早朝海上での砲撃戦が行われ、こちらは簡単に幕府海軍が勝ったのである。オランダで建造された新鋭の軍艦開陽丸の威力が隔絶していたからである。榎本は幕府海軍の実力に自信を深めたことである。

鳥羽・伏見で敗れて大阪城に戻った幕府軍は討薩戦を叫び、城内は騒然としていた。しかし、将軍慶喜は朝敵とされたことを聞き、事態の悪化を避けるため、江戸に帰って恭順することを決意した。六日の夜、会津藩主松平容保ら少数の側近を従えただけで密かに大阪城を脱け出したのである。敵前逃亡と非難される行動であるが、この夜は天保山の岩壁に停泊中のアメリカ船で一夜を明かし、七日朝、沖に停泊していた開陽丸に乗り移ったのである。艦長の榎本は上陸して不在であったが副長の沢太郎左衛門が指揮して開陽丸は江戸に向かった。

大阪城に取り残された幕府と諸藩の兵士達は、将軍の大阪城脱出を知って唖然としたが、海路や陸路でそれぞれの領国に引き揚げた。榎本は勘定奉行の依頼によって城内にあった軍資金十八万両（二十五万両という説もある）を富士山丸に積み込み、幕府軍の一部を収容して一月十五日、江戸に帰った。

余談であるが、この軍資金のうち三万両はオランダに残留していた赤松、伊藤、林の留学費用としてオランダに送られた。留学生達が幕府倒壊後に直面する困難を考えて榎本が強く懇願した結果であった。また、江戸を脱出した榎本海軍の軍資金になったとも言われるが確証はない。

一方、朝廷は幕府追討令を発して、東海・東北・北陸、山陰各道の鎮撫総督を任命し、征討軍を出発させた。江戸に帰った慶喜はひたすら恭順の嘆願を続けるが、朝廷は取り合わない。二月に入ると、有栖川宮を東征大総督とし、西郷隆盛を参謀とする新政府軍が江戸に向かって進撃を開始した。東海道を進む新政府軍は抵抗を受けることなく、三月には江戸に進攻する形勢となった。

この情勢の中で、江戸城内では抗戦派と恭順派の間で激論が交わされていた。陸軍奉行並みの小栗上野助、歩兵奉行の大鳥圭介ら陸軍の抗戦派は箱館で新政府軍を迎え撃つことを主張し、海軍の榎本は軍艦で大阪を突くことを主張していた。彼等は将軍の決起を求めたが、慶喜は恭順の意思を崩さず抗戦派に自重を求めていた。海軍奉行の勝海舟は将軍と同じく幕府と薩長が武力衝突すれば内戦状態になり、英仏など外国の干渉を招くことも恐れていた。

一月二十三日、慶喜は徳川家の軍制を改め、海軍奉行の勝海舟を陸軍総裁に、軍艦奉行の矢田堀讃岐守を海軍総裁、軍艦頭の榎本和泉守を海軍副総裁に任命した。非戦を説く勝を陸軍総裁に据をえたのは陸軍の抗戦派を統制するためであったのであろうか。

また抗戦派の榎本を海軍副総裁にしたのは、有能な榎本を野放しにすることを避けた人事であったと思われる。

こうして勝海舟は、旧幕府の屋台骨を支えることになり、武力衝突を回避する最後の手段として西郷隆盛にすがることを決意した。将軍の恭順の誠意を訴え、内戦を回避するための決断を求める書簡を山岡鉄太郎に託して西郷に送ったのである。

その結果、三月十三日と十四日に江戸の薩摩藩邸で西郷と勝の会見が行われ、江戸城の無血開城が決まったことは周知の通りである。しかし、幕臣の中には、勝の行動に憤慨する者も多く、榎本もその一人であった。

江戸脱出　江戸城開城に際しては、西郷と勝の間でいくつかの約束があった。このうち旧幕府軍の武器すべて新政府に引き渡す約束は、抗戦派の人々にとって耐えられないことであった。

とりわけ幕府海軍の優位であった榎本にとって、幕府艦隊をそのまま新政府軍に引き渡すことは我慢できないことであった。

新政府軍が江戸城に入城し、将軍慶喜が上野寛永寺を出て、水戸に向かった四月十一日陸軍奉行の大鳥圭介は土方歳三ら二千人の兵を率いて江戸を脱走した。また榎本もこの日、軍艦八隻を率いて品川を脱出し安房、館山に退去した。艦隊の引き渡しを拒否しての行動であった。

慌てた勝は館山に出向いて榎本を説得した。武器の引き渡し、とりわけ軍艦の引き渡しが行われないと、徳川家の存続が危ぶまれたからである。軍艦の一部は残されるという勝の説得を受けて榎本は品川に帰還し、軍艦八隻のうち富士、翔鶴、朝陽、観光の四隻が新政府に引き渡された。残る開陽、回天、蟠竜、千代田形の四隻は榎本のもとに残されたのである。新政府軍の首脳部は勝の面目が立つよう配慮したのであろう。

その後、上野に立てこもった彰義隊をはじめ関東各地で蜂起した旧幕府軍は新政府軍によって次々鎮圧され、戊辰戦争の舞台は東北地方に移っていった。京都守護職を務めた会津藩は新政府軍の討伐の的となり、仙台藩など東北諸藩に会津討伐を命じられていたが、この討伐命令に従う藩はなく、五月には奥羽越列藩同盟が結成された。

七月に越後、長岡藩で行われた北越戦争は激烈であった。しかし河合継之助が率いる長岡藩は、新政府軍に敗れ、八月には会津戦争が始

江戸脱出

品川沖を航行する艦隊（函館市立中央図書館蔵）

まった。いつになく新政府軍の砲撃は激しかった。無くなった会津藩士は約三千人、自刃した女性は二三三人といわれている。市井の人々も含め、会津藩の人々がたどった悲痛、過酷な運命に思いを馳せる。余談だが、福島県生まれの野口英世のアメリカ留学中の口癖は「俺は会津のサムライ」だったという。

東北の敗北で旧幕府軍の劣勢は決定的となった。幕臣としての勝や榎本にとって、最大の懸念は徳川家の家名存続であった。この問題について勝は西郷に書簡を送り、「一家不和を生ずれば一家滅亡す。一国不和を生ずれば其国滅亡すべし。海内の人心離散せしめば如何」と書いて寛大な処分を要請している。

新政府は関東各地の平定が終わった五月、徳川家を継いだ田安亀之助（家達）を駿河七十万石に移封することを決め、七月には慶喜が水戸から駿河国府が置かれている駿府（静岡）に移り、八月には家達も駿府に入った。

北へ！　こうして徳川家の存続を見届けた榎本は、指揮下にある開陽丸をはじめ四隻の軍艦と咸臨丸など運搬船四隻を率いて、八月十九日の夜、品川沖を脱出し、北に向かったのである。旧幕臣二千人が従っていた。

榎本は何故江戸を脱出して北に向かったのであろうか。

脱出の日に公表した檄文と勝に宛てた書簡を読み合わせると、新しい王政は、公明正大を唱えながら、その実、強藩の私意によって動かされていると断じ、新政府の役人の振る舞いを市井無頼の徒に等しいと糾弾している。

また、幕府崩壊に伴って、俸禄を失った旧幕臣の窮状を座視出来ないとして、蝦夷地の開拓を願ったことを述べ、二姓に仕えずの義を守る者に安心立命の地を作る決意を述べている。この嘆願は却下された上、再び艦隊は引き渡し要求を受けた。

駿河七十万石で徳川家の家臣団五千人を養うことは不可能である。封地俸禄を失った者は、身分を捨てて働くか、新政府のもとで働くかしかない。新政府のもとで働くとは、働いた同志と戦うことである。そもそも戦いも交えずに薩長の軍門に降りることは、武士の誇りにもとり、耐え難い。これが榎本艦隊に加わって江戸を脱出した人々の心境であったと思われる。

榎本が記した檄文と勝への書簡は、こうした旧幕臣の心情を吐露したもので、「二姓に仕えず」は幕臣としての意地というべきであろうか。

榎本艦隊は、先述の東北・奥羽越列藩同盟の抗戦を支援するために、一路北へ向かった。激しい暴風雨や新政府軍の艦撃もされて咸臨丸、美加保丸を失いながら九月初めには仙台沖に六隻が集結した。しかし、先述の通り、九月に入ると東北の主立った諸藩が降伏し、奥羽列藩同盟は瓦解。榎本艦隊は宙に浮いた形となってしまう。それでも新政府軍に降伏することをよしとせず、徹底抗戦と蝦夷地への初志貫徹を崩さなかった。

榎本艦隊は、東北で合流した者も含めて十月十二日、三千人余りを乗せて仙台を出航、蝦夷地を目指した。主な顔ぶれは、元若年寄の永井尚志、元陸軍奉行並・松平太郎、元新選組副長・土方歳三、桑名藩主・松平忠敬、元歩兵奉行・大鳥圭介、元老中首座・板倉勝清の姿があった。

この時、仙台出航にあたり榎本は新政府の奥羽鎮撫総督に宛てて、次の趣旨を書面で提出している。

『朝廷に背く行動で無く、旧幕兵の生活を守るために蝦夷地の開拓に向かう。蝦夷地の開拓は皇国のためになる』

榎本は、江戸を去るときから嘆願している趣旨を朝廷・新政府側に何とか認めてもらおうと粘っているのである。榎本は、旧幕府海軍副総裁、開陽丸艦長から明治という新しい体制の中で義を重んじ、新しい生き方を求める男たち「旧幕府軍」の中心となっていった。

箱館戦争

蝦夷地上陸　太平洋沿海を北上した榎本艦隊は、明治元年十月二十日、内浦湾の鷲ノ木浜（現在の森町）に上陸したとされている。実際には厳しい風雪に阻まれ、一時室蘭に避難した艦もあった（十九日夜鷲ノ木、回天丸、翌日開陽丸、大江丸。室蘭、長鯨丸、神速丸、蟠竜丸）。

その時の情景は、

『武揚にとっては久しぶりに見る懐かしい山河の蝦夷地は吹雪だった。激しい白いものが舞う光景は、殆どの幕兵には荒涼たる北の果てである。寒さに身を震わせる者、巨大な原生林に息を呑む者、黒と白の大地に圧倒される者など身を引き締めない者はない。迎え入れる無情な冬の荒野は、温かみなどなく厳しさを感じさせる。この大地に新しい徳川の地を定めると、武揚の胸は大きく膨らんだ』ということだろう。

北上する太平洋を左折して津軽海峡から箱館湾に行かなかったのは、諸外国の艦船・商船が在留しており、既に新政府の箱館府（清水谷公考知事）の管轄下であり、諸外国の船舶に混乱を与えるのは得策ではないと考えたのである。優れた国際感覚、知識からの判断であり、江戸を去るときから嘆願している趣旨を何とか認めてもらおうという、

鷲の木浜

榎本らしい一本気で粘っているのである。

榎本軍はまずは交渉による解決を図った。

十月二十一日、人見勝太郎と本田幸七郎が箱館府に、蝦夷地へ来た理由を伝える役割を持って出発した。『徳川家が蝦夷地を借用する件は、かねてから朝廷へ願い出ている通りである。ついては許可が下りるまでの間、箱館府で我々の身柄を預かってもらいたい。万が一それが許されない場合は、戦いも辞さないつもりである。』という嘆願書を箱館府知事に手渡す事が目的である。榎本達は、箱館府との戦いになったとしても勝てる戦力だと考えている。しかしすぐに戦争に踏み切れば、完全な朝敵となってしまい、新政府との交渉の道が閉ざされてしまう事態を避ける為に、無駄と知りつつもまずは交渉を図ることにしたのである。

その一方で、戦いに備えることも進めた。

人見・本田先発隊が出立した翌日に大鳥圭介隊七百五十名が人見隊を追うように南下し、大野村方面へと出発した。それとは別に、土方歳三の一隊四百余名は、駒ヶ岳を海側から回り込むように迂回させ、川汲峠経由で五稜郭を目指して進軍した。

しかし、二十二日夜半、大沼湖畔先の峠下村の宿に宿泊中の人見隊に箱館府軍が砲撃して来た。箱館戦争の勃発である。

「ついに戦うことになったのか」。報告を受けた武揚は大きく息を吸った。榎本軍は、すぐさま軍を立て直し、箱館に向けて進軍した。大鳥隊は、軍を二分し、十月二十四日に七飯、大野の新政府軍陣地を攻撃し、五稜郭の北方一里の赤川村へと進攻した。七飯方面を守備していた箱館府兵事務所取扱役の堀真五郎（長州藩出身）は守備陣地の戸切陣屋を焼き払い、箱館へと撤退していた。

一方の土方隊も厳しい歩行を続け、難所の川汲峠で箱館府軍と対峙したが、応戦する間もなく箱館府軍は逃走し、負傷者も出さずに五稜郭を目前にする湯の川口まで、進出した。

北西から大鳥隊、南東から土方隊。こうした各地の敗戦を聞いた箱館府知事の清水谷は五稜郭を放棄し、二十五日にはチャーターした外国船で青森へと脱出した。

こうして榎本軍は、その日の午後に無人となった五稜郭に入城した。この知らせが届くと、榎本はすぐに艦隊を箱館に回航させた。箱館に住む外国人に配慮して、一発も砲を放たず、すぐさま運上所（税関）を抑えた。

榎本軍は、上陸してわずか五日間にして箱館を掌握することになったのである。

蝦夷地唯一の松前藩の動向が未だに不明だったので、無用な戦いを避けたかった榎本軍は松前藩に挨拶の使者を出したが、藩は斬殺した。更にもう一度送った使者も殺されてしまったので、榎本は松前藩との戦闘を決意したのである。

十月二十八日、土方歳三を大将に七百人の将兵で、松前城攻略に出陣した。激戦の末、劣勢に追い込まれた松前軍は、城下に火を放って江差方面へ退却した。土方は取り残さ

箱館・五稜郭

れた女性らを手厚く保護し、十一月十一日、土方軍は松前を出立し、江差も制圧し、十一月中旬には蝦夷地の平定に一区切りがついた。

新蝦夷地立て直しへ　榎本軍は、青森に逃亡した箱館府知事に代わって、港湾管理をはじめ、地域を統治するための行政府を作らなければならない。

各国の領事が局外中立の態度を示している中で、箱館府に変わる新体制づくりを士官以上の者による選与（選挙）で行なわれた。その結果、総裁に榎本武揚、副総裁に松平太郎、陸軍奉行に大鳥圭介、箱館奉行に永井尚志が選出された。

明治元年（慶応四年、一八六八年）十二月十五日のことであった。領事館からは**「事実上の政権」**として認知された。

榎本は、このころ箱館に入港した英仏軍艦の艦長に、蝦夷地開拓の嘆願書を託し、江戸に駐在する公使を通して、新政府に斡旋してもらうように依頼している。

榎本は、明治二年にプロイセン王国の商人で箱館にいた**R・ガルトネル**と「蝦夷地七重村開墾条約」を蝦夷地総裁として交わした。

（関連　いずみ「謎の男　ガルトネル」）

蝦夷共和国

道南を制圧した上、1868 年 12 月、榎本らは五稜郭において、自治政権を樹立することにした。日本で初めての事であり、「蝦夷共和国」と呼ぶことがある。厳密には榎本自身、この言葉を使った事はないが、榎本が北海道の開拓と北方整備を目指していたことは事実であり、通称このように呼ぶのに問題は無いと思われる。

これはアメリカの「共和国（リパブリック）」をまねて投票によって代表者を選ぼうというものだった。投票に参加したのは、８５６名の幹部だけであり、公式の諸外国に受け入れられたわけではないが、領事館からは「事実上の政権」として認知された。

陽炎や　蝦夷共和なる　夢の国

（静女）

榎本、暗転　しかし、榎本の運命は暗転しつつあった。

北海道の十一月は真冬であり、日本海は北からの季節風で大荒れになる。江差の攻略戦を海上から支援するために、回航してきた開陽丸が、江差沖で暴風雪のため座礁し、やがて沈没してしまったのである。十一月十五日の夜のことである。榎本はオランダ以来の開陽丸を失った。僅か二年三ヶ月に躍動した命であった。その喪失は、榎本にとって大きな打撃であった。榎本軍の海軍力は急速に低下した。

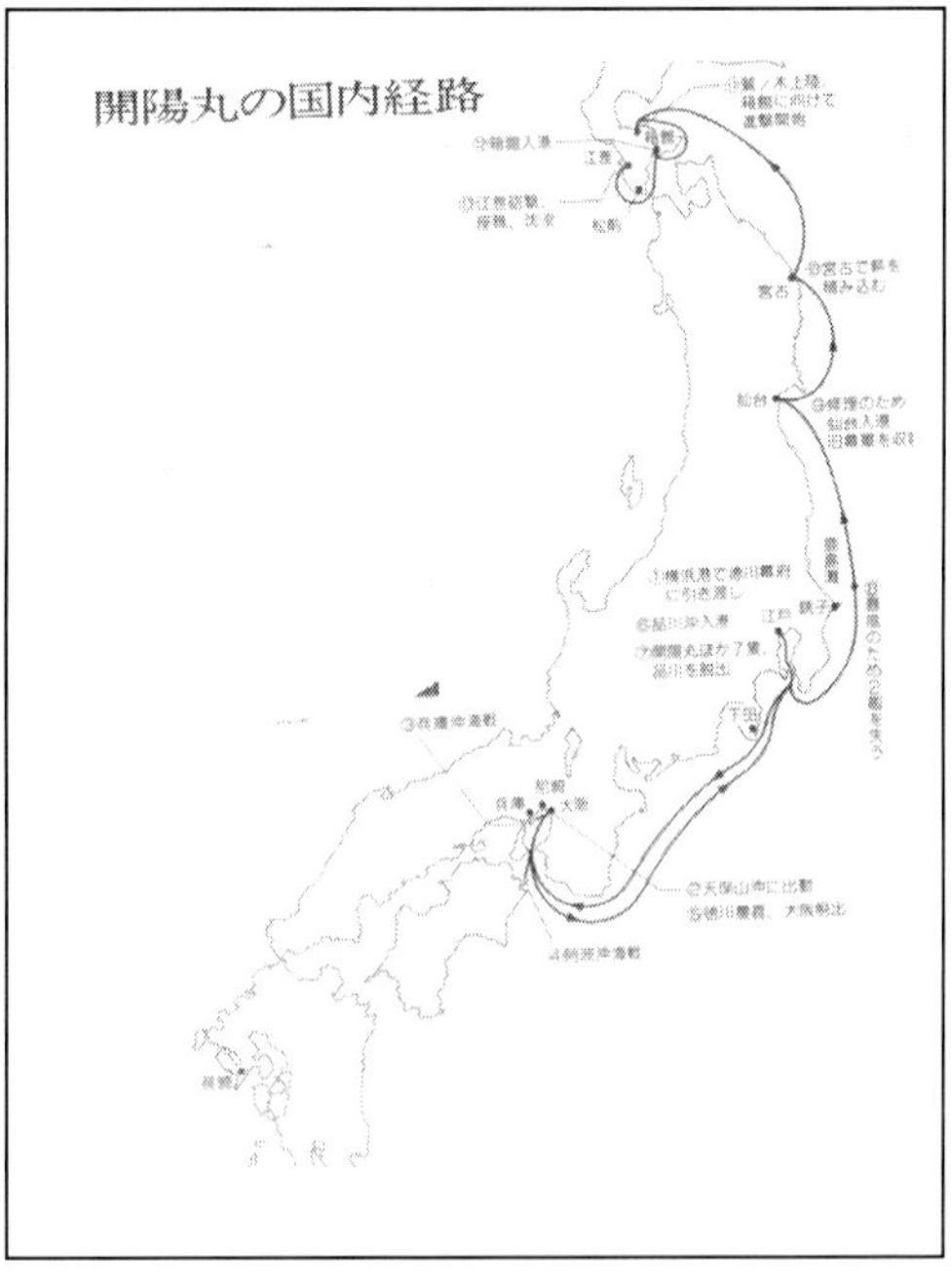

一方、新政府は榎本の嘆願を無視して、榎本軍討伐の準備を着々と進めていた。明治二年の三月末には、薩摩、長州をはじめ諸藩の藩兵およそ七千人が青森に集結し、北海道の雪解けが始まる四月上旬には長州の山田顕義を参謀とする第一陣千五百人が江差北方の乙部浜に上陸した。また四月中旬には、薩摩の**黒田清隆**を参謀とする第二陣二千人が江差に上陸した。

榎本軍は頑強に抵抗したが、開陽丸を失った海軍は既に劣勢である。新政府軍は、海上からの援護射撃のもとに榎本軍を次第に追い詰め、五月上旬には五稜郭と函館港の弁天砲台にこもる榎本軍を総攻撃する体制を築いた。

五月十一日の攻撃で榎本軍に残された最後の軍艦、回天丸と蟠竜丸も撃破され、箱館の街は火煙に包まれた。この日、土方歳三も戦死している。

土方の死後、新政府軍は五稜郭に艦砲射撃を与え、極めて劣勢となった榎本軍からは脱走する者も出た。

劣勢の榎本軍・五稜郭の前哨である千代ヶ岡陣屋を守備していた中島三郎助は、かつてペリー艦隊との交渉を努めた元浦賀奉行所の与力であった。中島三郎助は新政府軍からの降伏と五稜郭からの退避勧告のどちらも拒否して、壮絶に抵抗し、息子二人と討ち死にした。

現在の函館市中島町の町名は、これに由来し慰霊碑が建ち、毎年五月の五稜郭祭で碑前祭が行われている。

黒田清隆との出会い　旧幕府軍の軍艦は全て消え去り、陸地戦でも五稜郭は完全に寸断され、榎本軍は大きな岐路に立たされた。

新政府軍を指揮する黒田清隆は榎本軍に投降を勧告しようと考え勧告書を榎本に届けるよう箱館病院の院長高松凌雲に依頼した。

高松は十二日に五稜郭に赴いている。高松凌雲は緒方洪庵に学んだ蘭方医で英語にも通じており、将軍慶喜の奥詰医師を務めた人物である。幕末、フランスに留学していたが、帰国したときは既に幕府は崩壊していたので、幕府への恩義から医師として榎本艦隊に加わっていたのである。

箱館戦争が始まると高松は榎本の依頼で箱館病院の院長に就任し、敵味方の区別無く戦傷者の治療をしていた。日本ではじめての赤十字活動と解されている。

黒田は高松の人物を見込んで、榎本を説得するよう依頼したのである。副総裁の松平太郎と連名で記した高松への返書で榎本は

『…我輩両人は干戈を動かした罪はいかようの厳罪たりとも甘んじて、朝裁に従い奉るべく候。前文の次第　（蝦夷地開拓の趣旨）御諒怒これなく候はば、五稜郭並びに弁天台場、そのほか他所に出張せる同盟の者一同、枕をともにして潔く、天りくにつき申すべく候…』と述べ投降に応じなかった。

「万国海律全書」黒田に贈る　死を覚悟した榎本は、高松への返書と共に、大切にしていた『万国海律全書』を敵将黒田清隆に送ったのである。高松への返書の添え書きで、榎本はこの本を『皇国無二の書』といい「兵火の中で、烏有に帰することになっては痛惜に耐えないのでドクトル（高松）からアドミラル（黒田）に贈って欲しい」と頼んでいる。

新政府軍との最後の決戦

五月十四日のことであった。

黒田はさらに副官を使者として送り、無駄な抵抗をやめて降りるよう勧告したが、榎本は好意に感謝しながらも降伏に応じなかった。海律全書を贈られた黒田は、深く感動し「他日、訳書を天下に広布したい」との書状とともに酒五樽を贈った。五月十六日のことであった。その日の夜、別れの杯を交わした榎本は切腹しようとしたが、止められ自刃を果せず翌五月十七日、五稜郭を出て、亀田八幡宮応接所で初対面の黒田と会見し謝罪降伏を告げたのである。

箱館の戦場で交わされた「全書」の見識のエピソードは、滋味に富んでいた。榎本三十四歳、黒田三十歳である。


戦争終結　明治二年（一八六九年）五月十八日に五稜郭は開城され、武器弾薬の引き渡しが行なわれた。こうして七ヶ月にわたった箱館戦争は終わり、京都鳥羽・伏見の戦いに始まった戊辰戦争の戦火も全て収まった。

終戦により、榎本は政府軍本陣の浄玄寺（東本願寺函館分院）に護送され、将兵も市中の寺などに収容された。

榎本は敗戦を覚悟した十六日、政府軍に申し入れ、負傷兵を温泉で治療させる為に湯川村に送っていた。

（関連いずみ「湯の川温泉」）

戦争が終わった道端には、政府軍からの達しで、そのままに放置されたままの死体があったが、時の義侠人柳川熊吉が身内や子分およそ六百人で、死体を収容し、やっと引き受けてくれた実行寺の裏山に葬った。

箱館戦争の証

戦場となった函館を一望に見渡せる函館山に、旧幕府軍の戦死者を慰霊する高さ六メートルもある大きな碑**「碧血碑」**がひっそりと建っている。

七回忌を迎えた明治八年、明治新政府に遠慮して、函館山裏手のひっそりとしたところに建てられた。碧血は「義に殉じて流した武人の血は三年経つと碧色になる」（荘子）という中国の故事による。旧幕府軍ナンバー三の陸軍奉行大鳥圭介が書いた。ところがこの碑の裏にも戊辰戦争の「戊」も箱館戦争の「箱」も書かれていない。書かれているのは『明治辰巳実有此事立石山上叺表獻志』という十六文字だけである。

明治二年実に此事あり、石を山上に立てて悲しみの気持ちを表わすと記されているだけである。

新政府に遠慮して、旧幕府軍の死者を慰霊する碑であることが一目で解る表現を避けたものである。

榎本はこの時、サンクトペテルブルグに駐在しており、多額の建設資金を出すよう妻（多津）に命じている。

この碧血碑のそばに、もう一つの碑が建っている。これには碑一杯に文字が刻まれている。義侠人柳川熊吉の碑である。

熊吉は箱館戦争で戦死し、放置された旧幕府軍の死体を集めて供養しようとした。新政府軍は住民に賊兵の屍を放置するように命じ、住民は後難を恐れて片づけようとしなかった。屍は、犬に食われ、カラスに突かれた。この命令を犯して死体を集めた熊吉は捕らえられて処刑される寸前、放免された。それは・・・箱館湾で旧幕府軍に掌捕された後、釈放された新政府軍軍艦の船将、田島圭蔵が待ったをかけたのである。田島は捕虜になった際の榎本の手厚い配慮に感謝し、最後の最後まで榎本に会って、これ以上の戦いはやめようと熱い涙を流して説得した男であった。

榎本武揚は、出獄後、鉱山調査で北海道に出張した際、函館の柳川熊吉の家で夜を徹して、杯を交わしている。お互いにこうして生きて再会出来たことを喜び、お酒もさぞや美味であろうか熊吉の碑は碧血碑の“墓守”、そして数メートル離れた傍らに佇んでいる。碑文は後に榎本総際の小姓であった林董が書いたものである。碧血碑ほど立派な慰霊碑は見たことがないと言われている。その碑を囲むように杉の大木が天空を突いて、聳えている。北限の地で散った敗者を弔う大きな蝋燭のようでもある、と思い、感無量であったことであろう。

はこだては、多くの箱館戦争の証を残し大切にしている。

「碧血碑」

榎本の助命活動

捕囚・獄中　明治二年五月二十一日　榎本武揚をはじめ松平太郎、大鳥圭介、永井尚志ら榎本軍の首脳部七人は、青森を経て東京に移送され、六月三十日丸の内にあった辰の口の牢獄（現在の大手町和田倉門外）に収監された。道中、網籠で移送された榎本らに東北の人々は丁重な態度で接したという。最後まで幕臣として戦った彼らに対する敬愛の念を示したのであろうか。入牢の時、武揚は「箱館の榎本だ」と言ったそうでもある。

辰の口の牢内で市井無頼の囚人などと同居したが、彼等も榎本の名を聞いて平伏し、榎本を牢名主として待遇した。これを知人に伝えた書簡によると、獄使は内々に読書を許したので、漢籍や洋書が雑然と座間を満たしたという。また獄内の若者などに学問を教え、生徒八、九人の書を読む声が終日絶えないと書いている。榎本の獄中生活は、悠然たるものであったという。

丸坊主になった黒田清隆（左）

赦免　黒田は、移送した二日後に榎本の助命を「万死を冒して嘆願する」と岩倉具視に書簡を送っている。新政府の中では、永らく榎本らの処分について激しい議論が交わされていた。

木戸孝允、大村益次郎ら長州派の人々は斬首を主張し、黒田清隆は特赦して人材を活かすべきだと主張して論議は決しなかった。あるとき黒田は丸坊主になり「榎本を斬るのなら、自分の首を刎ねてから斬れ」と詰め寄ったと伝えられている。

この議論を裁断したのは、**西郷隆盛**であった。西郷は使者の品川彌二郎から双方の主張を聞くと、「榎本を斬首するのはもってのほか」と言い、「榎本こそ憂国の士であり、徳川の恩義を忘れない〝義と情〟の人間である。一日も早く赦免し、新政府で重用すれば必ず御国のために尽くす人物になる」と述べたと伝えられている。

この西郷の意見によって榎本を特赦することが決まり、明治五年一月六日、榎本には親類の家で謹慎、松平ら五名には赦免が言い渡された。辰の口の獄中生活は二年半、榎本は三十七歳になっていた。

福沢諭吉も助命につとめていた　福沢諭吉は榎本と深い関係があったわけではないが、榎本の妻の遠縁にあたることもあって、榎本の反骨に同感し、蔭ながら榎本の助命に動いていたのであった。

黒田から『万国海律全書』の翻訳を頼まれた時、「これを訳せるのは榎本しかいない」と言って本を返し、榎本の助命を促している。

また榎本の老母の願いを聞いて嘆願書を書き、榎本と老母の獄中の面会を実現させている。榎本の母は、息子の出獄を見ることなく、榎本と獄中での対面した後、亡くなっている。

（関連　後記「榎本の生き様」）

母が亡くなった、この年の明治五年三月六日、親類宅での謹慎の処分も解かれ、榎本は**自由の身**になった。この二日後から、榎本武揚は新政府に出仕して、国事に尽くす日々を過ごすことになる。

複雑さを増しつつある世界と日本の中で、榎本の第二の人生が歩み出した。

二　榎本武揚　第二の人生

五月晴　恩讐こえ　両雄立つ

（静女）

新政府への出仕

榎本・黒田の思い　親類宅で謹慎中の榎本に対して、黒田は北海道開拓使への出仕を働きかけていた。

黒田清隆は箱館戦争終了後、榎本の救命に力を尽くしたのも、単に「万国海律全書」で感激しただけでなく、「敵将は違う」という戦いの中で新しい風を感じたのではないかと思われる。時代を先取りする姿勢、人道主義的人間性である。

幕末の激動期、価値観の多様化している時代、榎本は注目すべき事を幾つかしている。日本の封建社会では考えられない試みであった。例えば次のことである。

☆　外国領事達に国際法で言う局外中立の立場を通した。

☆　アボルダージュという大胆な接舷攻撃法。

☆　捕らえた捕虜を手厚く待遇した上、送り返している。

☆　負傷者は、敵味方無く治療することを認め、玉砕を前に負傷者を皆戦場から逃がしている。

☆　負けて炎上し灰になる貴重な本を敵将に、今後役立てて欲しいと送っている。どれ一つとっても凡人にはなかなか出来ない事ばかりであった。

榎本助命に尽力した
黒田清隆

（出所）国立国会図書館

黒田清隆は榎本武揚の人間性と高い見識に敬意を払って、北海道開拓使の仕官を勧誘したのであるが、命の大恩人の熱心な誘いに断ることが出来ず、最終的には仕官する榎本であった。

榎本は、徳川家に操を立てて反抗した立場からも新政府に出仕する気持ちにはなれなかったが、再三の黒田の要請を断り切れず、三月に入った頃に開拓使への出仕に応じた。自分の助命のために丸坊主になってまで、奔走してくれた黒田への恩義も考えたのであろうか。

黒田の慧眼は、新しい時代に榎本の活躍が求められていると見抜いたのであろうか。

明治の始動期ともいえる約十年間の二人の足跡は別表の通りである。

「榎本・黒田の明治初期略歴概要表」

年号	榎本武揚	黒田清隆・※他
明治二年	箱館戦争終結。入牢。	政府軍参謀。※ 開拓使設置。 蝦夷を北海道、箱館を函館に改称。 列強対峙、近代化推進。
三		開拓使次官・樺太専任。
四		米欧視察外遊(一~五月)、お雇い外国人招聘。 「開拓使十年計画」(八月)
五	赦免(一月) 開拓使出仕(三月)	岩倉視節団・欧米へ外遊(明治六年九月帰国)
七	海軍中将、駐露全権大使	陸軍中将、参議、開拓使長官
八	樺太・千島交換条約締結	
一一	駐露公使退任。シベリア経由で帰国	
一二	外務大輔(条約改正取調べ)	開拓使長本庁炎上落胆して帰郷

開拓使　明治五年三月八日に黒田は榎本に「開拓使四等職」の辞令を交付する。「四等職」とは政府本庁の審議官クラス、地方で言えば知事に相当する異例の待遇である。

榎本武揚の第二の人生は、北海道開拓使の役人生活から始まる。

明治五年五月二十六日、榎本は横浜港から函館に向かった。黒田次官と北海道開拓の方針を相談の上、物産調査や気象観測などに必要な望遠鏡、地図、磁石、晴雨計などと共に、黒田の見送りを受けて出立した。

北海道開拓使

再びの函館　五月三十日の朝、榎本は函館に上陸した。五年前の五稜郭を中心とした戦いを偲び感無量であったことであろう。

榎本にとっては三度目の函館の地である。一度目は少年時代、箱館奉行・堀織部正の小姓としての巡察。二度目は総裁に推挙されての箱館戦争。そしてこの度の三度目である。日本の近代史の転換期、幕末から明治という時代の函館を振り返ると、そこには榎本武揚がいた。

函館に着いた榎本は猛然と働き始めた。まず、函館に気象観測所を設けた。貿易港としての函館に気象観測が欠かせないと考えたからである。箱館戦争の時、暴風雨で貴重な軍艦を失った経験も、設置に繋がったかも知れない。これは日本で初めての気象観測所と言われている。

鉱物調査　黒田は、榎本の専門知識をもって北海道の鉱山調査を命じた。エネルギーは明治新政府の「殖産興業」「富国強兵」の源である。

化学者、技術者・榎本武揚の出場である。榎本は物産資源の調査、とりわけ石油、石炭や金属資源の探索調査に情熱を傾けた。

榎本は鉱山技師として早速、函館郊外の砂鉄、恵山の硫黄をはじめ、江戸末期に発見された北海道最初の炭鉱である後志（日本海側）茅沼炭鉱そして石狩、当時の石油など見て回り、空知の石炭から日高・十勝と回って、砂金、砂鉄の調査をし、釧路まで行き、今でも採炭されている海底炭鉱（旧太平洋炭鉱）の炭層まで見て回っている。

榎本は、幕末期十代の頃、目付堀織部正の小姓として、未開拓の蝦夷地を回っているので、この鉱山調査は、二度目の巡回で北海道に寄せる思いは、格別ではないかと思われる。

榎本の「北海道巡回日記」等からは、原生林に覆われ、流木などで危険な空知川の支流を丸木舟で廻ったり、野宿などし、未開地の奥まで足を運んでいる。自分が見つけた石炭山から自分自身で化学分析しており、一役人として黙々と職務を全うしていることが伝わる。

特に空知川沿いに有望な炭層を見つけ、いち早く黒田清隆に報告している。

『榎本の面目躍如であった』

石炭は、明治新政府が喉から手が出るほど求めているエネルギー源である。さらに榎本は「空知河石炭山は土人（アイヌ）の外は、自分がこの度の検査をもって始まり（起源）とす。」つまり後に埋蔵量日本一の炭鉱銀座となる「石狩河枝流空知河石炭山」は自分の検査によって初めて確認されたと宣言している。

明治、大正、昭和と日本のエネルギーを供給し続けた空知の石炭は、アメリカの地質学者**ライマン**によって発見されたと言われているが、榎本とほぼ同じ時期に空知に入ったライマンは、イクシベツ川に露出している砕岩山や砂岩の層を見て、この川上に石炭脈があると予言した。ライマンは途中、滝があって川を遡上出来ず、実際には炭層を確認していない。

イクシベツの奥地まで入って石炭脈を確認したのは榎本武揚である。榎本は自分が見つけた空知川の炭層とライマンが予測し、自分が確認したイクシベツ川上流の炭層とも繋がっているとも言っている。

榎本がオランダ留学以来、研究を重ねてきた化学・地質知識を役立てたもので、北海道の主力産業であった石炭産業の礎を固めた仕事であったといえる。

明治の黎明期に日本が喉から手が出るほど求めていたエネルギー開発に榎本が大きく貢献していたのである。榎本は後に日本工業学会の初代会長になっているが、日本地質学の祖でもある。

小樽まで鉄路を

榎本は単に炭層発見だけでなく、実業の場で活かす為の調査もして具体的な開発の提言をしている。

榎本は、石炭の運搬路として、空知の支流から石狩川本流に沿い江別・小樽に目を付け、この地域の開発を提言したのである。

黒田清隆はその後に幌内（空知）から小樽までの鉄道を作るのである。

明治十三年、幌内から札幌経由で小樽まで鉄路が敷設された。本州に石炭を運ぶためであった。

日本の鉄道としては三番目である。新橋・横浜・桜木町間が一番目、二番目は大阪、三番目として人口未だ一万人に満たない札幌に汽笛が鳴ったのである。

お雇い外国人の頭領　ケプロン

榎本と北海道開拓の足跡を辿る時、ケプロンのこともある。

明治新政府が欧米に追いつけ追い越せを目標に外国から招いた「お雇い外国人」（「いずみ」）の一人がケプロンである。

アメリカ政府を代表する公使でもないのに、明治天皇が着任、離日の二度にわたり、異例の謁見をするほど気を使った実力者「前農務長官」であった。年俸としても最高の高給取りの太政大臣三条實美を上廻る一万円（今日の一億円相当）でお雇い外国人の中でトップクラスであった。

しかし鳴り物入りで招聘したケプロンに対し、もう一方の榎本は異国無二の学識を持ち、黒田清隆はこれから北海道の開発を託そうとした人物である。

榎本にとっても、黒田は命の恩人であるが、黒田は後年、恩着せがましいことは、一切言っておらず、むしろ総理大臣になって、榎本の人品骨柄に惚れて尊敬の念を抱いていた。

刃を振り回す野蛮な国、日本に来たケプロンとても、英、仏、蘭、独語を自在に話せて、学に卓越した知識を持って、意見を述べる日本人がいたことは、驚いたことであろうかと思われる。

俺の仕事に口を出されては権威が落ちると思ったのか、ケプロンと榎本の関係は悪くなり、ケプロンは黒田に、榎本は企てを持った危険な人物であると文書を再三送っている。

黒田清隆は、榎本の意見を採用した。この結果、後に小樽までの鉄道がいち早く実現したのである。

小樽開発に乗り出した榎本であった。小樽は江戸時代からニシン漁が盛んであったが、榎本が小樽に目をつけたことから、漁港から石炭や物資を輸送する港湾都市へと発展しているのであった。

日本郵船など船会社だけでなく、港湾運送業者の進出により、日本の各銀行の支店を小樽に出し、日本銀行まで札幌でなく小樽に開設したので、小樽は北海道で一番の商都として発展したのである。

　榎本は開拓使退任後も北海道にたびたび来ており、明治三十一年（一八九八年）、用務で小樽に立ち寄っていた**渋沢栄一**と交誼を深めている。小樽では、開発功労者として、その名を残し、龍宮神社内に榎本武揚像が建立されている。

重責の外交を担う榎本

この後、明治新政府は、直面している外交問題の場に、榎本を登場させてくるのである。

明治四年、欧米の視察旅行に出た黒田は、アメリカの農務長官ケプロンと知り合い、北海道開拓の顧問に就任することを頼んだ。これを承諾したケプロンの協力によってクラーク博士らが来日し、北海道でアメリカ式の大規模農業が発展する道が開かれたのである。

帰国した黒田の建議によって明治政府は明治四年八月「開拓使十年計画」を決した。当時の金額で一千万円という巨額の予算をつぎ込み、北海道の開拓を進めようと言う計画であった。

列強との対峙　幕末から明治にかけての十九世紀後半は、第二次産業革命が起き、西欧列強の時代となり、アジアにとっては植民地化など受難の始まりであった。日本でもペリー来航をきっかけに二五〇年以上続いた徳川幕府体制が崩壊、新たに発足した明治新政府は、西欧列強の圧迫に対峙することになる。

ロシアとの外交交渉、特に樺太・千島の国境問題は幕府時代からの懸案であった。

明治新政府は、箱館戦争が終わると、明治三年（一八七〇年）五月、樺太開拓使を設置し、箱館戦争を指揮した黒田清隆を樺太専任の開拓使次官に任命した。ロシアの圧力に対抗するため、樺太の開拓に力を入れることにしたのである。黒田は樺太を視察し、現状では樺太は三年ももたないという報告書を提出し、ロシアに対抗できる国力を充実させるため、北海道の開拓に重点的に取り組むべきだと論じている。

黒田の推薦　黒田は、ロシアとの外交交渉も本格化させなければならないと考えていた。しかし、黒田は大久保利通の片腕として国内を離れるわけにはいかなかったので、ロシアとの国境交渉に自ら出掛けることは出来なかったのである。

この外交交渉には、樺太・千島の事情も熟知し、国際法に通じた人物が必要である！『万国海律全書』を手にした黒田は、榎本を駐露公使に任命するよう強く推薦した。駐露公使に先立って海軍中将に任命したのは大物の起用を相手に印象づける意図である。海軍中将は日本では初めてであった。

榎本・駐露公使に　三十七歳になった榎本武揚は、明治七年（一八七四年）一月十四日に海軍中将に任命され、続く十八日に樺太・千島の領土問題を交渉する駐露全権公使を命じられた。

国内の北海道開拓使から外交の駐露公使への新たな使命を持った転機であった。榎本にとって信じがたい話であった。世間からみても、薩長藩閥以外の出身で、しかも新政府に反逆した人物を駐露公使に起用することは、意外としか言えない人事であった。

榎本は、箱館戦争の責任者として、軍職に就かないことを心に決めていたが、黒田に説得されて、ロシアとの国境交渉にあたることを承諾したのである。

条約調印　明治七年三月十日、駐露公使榎本武揚の一行は、横浜を出帆し、六月十日にロシアの首都に到着し、六月十八日にロシア皇帝アレクサンドル二世に謁見した。六月二十二日、ロシア外務省アジア局長と第一回会談を行い、八月から本格的な外交交渉に入った。紛争のもとになる両国人民の雑居状態を解消という総論では一致したが、国境をどう定めるかについては、双方の主張が対立し、交渉は長引いた。

榎本の粘り強い交渉によって明治八年五月七日、**樺太・千島交換条約**が榎本公使とロシアのゴルチャコフ外務大臣の間で調印された。

開国した幕府以来の懸案であった樺太・千島の問題は、こうして一応の決着を迎えたが、日本国内では、政府の弱腰と非難する声が強かった。榎本もその矢面に立たされていた。よく知らない"外"に声高になるのは、歴史の教訓でもあろうか。

一方、世界の外交筋では、調印という外交的結果を成功とみていた。榎本の語学力が素晴らしいものであり、ロシア政府当局が好感を持って遇されたことやロシア皇帝が榎本に好意を寄せていたことも、優れた外交官であったし、日本が欧州各国に対し平等の地位に立って締結された最初の条約としての価値をみていたのである。

そしてそのことを明治新政府も一番よく知っているのである。政府の課題として急がれた日本の国境・領土画定という難しい作業の第一歩となったからである。

（関連　いずみ「樺太・千島の国境問題」）

榎本は在任中に、国際紛争となった「マリア・ルス事件」の解決に外交手腕を尽くした。

（関連　いずみ「榎本が関わった「マリア・ルス事件」」

帰国・「シベリア日記」　明治十一年（一八七八年）駐露公使を退任した四十三歳の榎本武揚はペテルブルグを出発し、シベリア大陸を横断して帰国した。出発は七月二十六日、モスクワからウラル山中を抜けバイカル湖を経てウラジオストックに二ヶ月あまりの長旅であった。

この頃プチャーチンに同行して日露和親条約の交渉にあたったポシェットはロシア政府の運輸大臣をしており、榎本の往く先々に丁重に迎えるよう指示していたので、榎本のシベリア横断旅行は無事に行われた。榎本は鉄道や馬車による旅の途中、シベリアの自然地理や人文地理をはじめ地方の産業の実態や中国との貿易の状態、各地の軍隊の兵員や装備、少数民族の分布等細かく観察し、日記に詳細に書き留めていた。

榎本は第一に何事にも好奇心を持ち、知識欲が旺盛な人物だった。オランダに留学して以来、様々な学問、特に理科系の学問に興味を持ち、研究を続けてきたが当時、未聞の地と言われたシベリアをこの目で見たいという好奇心に動かされたのである。第二に榎本はシベリアの自然や産業を視察することは、北海道開拓に役立つと考えたのであろうか。樺太におけるロシアの圧力を感じていた榎本にすれば、ロシアの軍事的な実態を観察する絶好の機会と考えたのかも知れない。

後年、榎本の日記は**「シベリア日記」**として世に知られるようになった。榎本の本領発揮であろう。

政府高官・榎本武揚

政府の高官へ 帰国後の榎本は、明治政府の高官としての人生を歩み始めた。

☆明治十二年（四十四歳） 外務大輔 （条約改正取り調べ）
☆明治十三年（四十五歳）海軍卿兼任
☆明治十五年（四十七歳）駐清国全権公使 （北京に赴任）
☆明治十八年（五十歳） 伊藤博文内閣の初代逓信大臣
（のちに子爵叙任）
☆明治二十一年（五十三歳） 黒田清隆内閣で留任
（農商務大臣兼務）
翌年文部大臣に就任
☆明治二十四年（五十六歳） 松方正義内閣の外務大臣
山縣有朋内閣で留任
☆明治二十五年（五十七歳） 枢密顧問官
☆明治二十七年（五十九歳） 第２次伊藤内閣農商務大臣
☆明治二十九年（六十一歳） 第２次松方内閣農商務大臣留任
（翌年、足尾鉱毒事件調査委員会設置後大臣辞任）
☆明治四十一年（七十三歳） 死去

伊藤、黒田、山縣、松方と薩長藩閥内閣が続いた中で、幕臣出身で箱館戦争の時は、朝敵とされた榎本が大臣を任命され続けたのは何故であろうか。

また榎本はどのような気持ちで大臣の重責を続けたのであろうか。

武揚の生き様「痩せ我慢の説」　榎本武揚の生き様をたどる上で、大きな影響を与えた説に、福沢諭吉の「痩せ我慢の説」がある。

「二君に仕えず」の言葉通り、幕臣の多くは、維新後の新政府に仕えるのを潔しとせず市井に埋もれたまま生涯を終えた者が少なくなかった。その人々が、新政府の中で、顕官の座を占め続けた榎本に不快の念を抱くのも無理ないと言える。

福沢諭吉が明治二十四年に執筆した「痩我慢の説」はそうした感情を代弁した文章である。

福沢はまず、江戸城の無血開城を主導し、新政府に重用されている勝海舟を、日本武士を損なう者として非難している。

榎本武揚にも矛先を向けている。

しかしながら、福沢の榎本に対する非難は複雑である。

福沢は、榎本が入牢している際に、民間人として榎本の赦免に奔走し、母との牢内での面会の実現や、オランダ語の「海律全書」は榎本でなくては、訳せないと訴え、榎本赦免へと導いている。

福沢は説で、江戸を脱出した榎本の反逆を「武士の意気地すなわち『痩我慢』と讃えている。そして五稜郭での降伏を「勝負は兵家の常」とかばいながら、出獄した後、榎本が新政府に出仕し、顕官の地位を長く続けていることを非難している。福沢にすれば、敗軍の将は、戦場に散った同志たちの霊を慰め、その遺族のために尽くして残余の生を過ごすべきだというのである。

福沢は、榎本が武士としての魂を貫き、痩我慢に生きて輝いてくると急に白眼視する薄情者の言動を知るにつけ、こうした態度こそに違和感を抱き、榎本を助けざるを得なかったのである。この痩我慢に生きることこそ、人間の尊厳と自主性を欠き、勢力の強大な者につき従って自分の存立を維持するやり方（事大主義）に抗するものであり、国づくりの精神に通ずるものでもあると伝えたかったのであろう。

榎本武揚は、自身が一度は、朝敵とされた身であることを心にかけていた。従って自らの猟は一際せず、開拓使の任官も最初は断ったが、黒田をはじめ他の人々からの強い勧めで出仕を決めたのである。それ以来、榎本は自分の地位には関心を持たず只一心に国事に勢力を尽くしたのである。

榎本は、国のことを常に考えていたのである。

榎本が五稜郭で死を覚悟したとき、かけがえのない「万国海律全書」を敵将の黒田清隆に贈った心情は、幕府に殉ずる、新政府に奉ずるというよりも日本の将来に役立てて欲しいというものであった。

牢獄を赦免された後、新政府に仕えたのも日本の近代化と将来に微力を尽くそうという覚悟であったのであろう。

黒田から仕官することを勧められた時も、日本（政府）の重要な仕事をしていた黒田は、命の恩人であり、旧幕臣の部下からは薩長に仕えるのではなくて天皇に仕えるのであるからと言われて、任官を決心したのである。

一方で、世間は政府高官の榎本をどう見ていたのであろうか。明治一八年の『今日新聞』（東京新聞の前身）に記事が紹介されている。

『予て諸新聞を以って広告せし「現今日本十傑」の指名は、幸い諸君の賛成を得て、去る十五日限り到達せし投票は一四〇六票の多きに至れり。その姓名は左の如し。』

政治家	伊藤　博文　君	（九二七点）
軍　師	榎本　武揚　君	（四二三点）
学術家	中村　正直　君	（五九二点）
法律家	鳩山　和男　君	（六一八点）
著術家	福沢　諭吉　君	（一一一二点）
新聞記者	福地源一郎　君	（一〇八九点）
教法家	北畠　道竜　君	（四八二点）
商法家	渋沢　栄一　君	（五九六点）
医　師	佐藤　進　君	（五六五点）

画　家　　守住　貫魚　君　　（四五九点）』

当時の各界名士人気番付といったところであろうか。「榎本が軍師というところが面白い。軍師とは作戦計画をめぐらす参謀である。樺太千島交換条約や天津条約での榎本の働きを世間はそのように見ていたのかもしれない。また、人気投票の顔ぶれからみても、当時榎本の知名度がかなりのものだったことが分かる」のである。

市井の人からも、軍師というイメージを持たれるくらい、自ら頭角を立てるようなことはせずとも、国事に尽くしていた榎本、と見られていたのであろう。

武揚の人柄と晩年…過去と未来を繋いで

榎本武揚は、自分のことを自ら口に出さない人であった。彼に関する逸話集の如きものは、一、二除いて、殆ど皆無であるとされている。それは武揚の生き様にふれる人柄のせいであろう。

武揚は、権謀術策の多い藩閥政府下においても、仕事に当たっては誠実をもって、一身に打ち込むことで満足した。明治の最良の官僚と称されたりもした。そうした結果として、榎本は重要な役職に長く登用されたのである。明治天皇からも頻繁に意見を求められたと言われる榎本は、〝明治の隠れた礎石〟と称えられた男である。

武揚は、政府要職に就いても幕府軍戦死者を慰霊するために、箱館山の山麓に建立した「碧血碑」への資金提供をして、陰ながら支えたり、息子と共に戦死した中島三郎助の遺族や旧幕臣への援助惜しまず、訪れることが出来る墓前を詣でるなど、旧幕臣への思いは深く、陰徳は多い。

武揚の孫榎本揚武氏は、ある座談会で次のように話している。

武揚の人柄『この朝敵って言うことね。私はピンと来ないんですけれども、明治に育った父なんかは、非常に気にしてたんですね。おじいさまは朝敵じゃないんだ、だからおまえは朝敵の孫じゃないんだ、てなことをね、よく言われたんですよ。こういうことがね、やっぱり私の祖父の、よく伝えているような、箱館戦争関係の方々の面倒をよくみたとか、よく町角でひょっと会ってもね、部下に会えば必ずちょっと寄って肩をたたいて、「向島の家へ来いよ」と言っていたとかいうこと。そういうことから、向島には大勢の方々がおいでになっていたということ。

これはね、解るような気がするんです。私が育った幡ヶ谷の家にも、父の代になっても、箱館戦争の方々が、つまり部下の方、ご子孫の方がね、お見えになっていたんです。こういうことからね、祖父は自分の行動を出来るだけ隠したというか、表に出さないようにしていたということ。それから、それはそれとしてね、やっぱりこの箱館戦争というものは、祖父の生涯に非常に大きな陰といいますか、影響といいますか、そういうものを与えていたと思うんです。』

（「日本歴史探訪二二」　角川書店編　昭和六〇年八月　抜粋）

江戸っ子榎本　榎本は酒が大好きであった。しかも強かった。榎本が乱れた様子を記した資料はなく、つまみはあまり口にせず、盃をぐいぐいあおった。回りのものが体に悪いので、何かを食べるよう勧めると酒の味が落ちると言った。「酒は米のソップ（スープ）だ」と言って米を食べず、毎日一升は呑んでいたという。しかし一定量を決して超さず『酒はいい心持ちになる程度が良い』と常に言っていた。

榎本の酒好きは、若い頃からであった。オランダ留学の時には、ビールに出会い、帰国の際には、シャンパンを開陽丸に積み込んで、日本で楽しんだという。

榎本は、江戸下町生まれの生粋の江戸っ子で、酒が入るとすぐべらんめえ口調となった。外国人がどこの外国語かと辞書で調べても、どこにも載っていないというエピソードもあるほどで、一見インテリにありがちな取っつきにくさがあっても、気さくで短気なところもあったという。

榎本は謡曲、端唄、ドドイツ、囲碁何でもござれの多芸家で、喉も良く、素人離れしていた。これというのも牢獄時代、共に臭い飯を食った博徒の親分から教わり、牢名主榎本は博徒によって、立派な芸人に仕立て上げられたという。

そんな色々な顔をのぞかせた人柄であった。

今に繋がる榎本　政・官界を去った後は、自宅のある東京向島で、明治四十一年（一九〇九年）十月二十六日」、享年七十三歳で没するまで過ごした。武揚は、東京駒込吉祥寺で永眠している。

官を辞めても榎本は、旧幕臣の会や十四以上の学会や公共団体の会長等を引き受けながら、暇をもて余すことなく、最晩年は、こうした活動に傾注した。

こうした榎本の活動は、今日の科学・技術の基礎となり、発展へと繋げている。（関連　いずみ「学会の活動」）

榎本が命をかけた徳川家と家臣団救済の「蝦夷地開拓の計画」は、黒田の働きと合わせて、今大きく形を変えて、日本の為の「北海道開発」と前進しているのである。

波瀾万丈の人生における余生の一端として　榎本の自宅の近くに「百花園」というところで、花を愛で、漢詩　謡曲をたしなんだ生活を送った。

百花園の園長に、植物には有用・薬用植物などがあるので、植物の名を知るために「樹木名・花名板」をつける方がいいと進言している。

また、榎本は外交官としてロシアに行った折、亜麻から繊維を取り出す技術をロシアから持ちかえった。天然繊維は重要な有用植物である。今ではその亜麻は戦後化学繊維製品（プラスチック製品）にとってかわり、“母なる大地”そして“母なる海”を傷つけるようがなっている　科学と技間は成長に見合った形で適正に進歩することが大切だということを学ばせてくれたのも榎本である。

榎本の科学者としての好奇心は衰を知らない。榎本は隕石から鉄分を取り出し、その隕石から「刀」をつくったということを「流星刀記事」としてとりまとめた。

この度、『榎本武揚の点描』を出版するに際し、表紙を「花の絵」にしたのは、彼が科学や技術への興味を持ちつつ、自然を愛で自然を大切にする心を持っていたことに感動したので、それをたたえ、「花」をそえたいという気持ちからである。

三　はこだて・榎本・点描

函館梁川公園にある榎本武揚の胸像

日本の歴史の大きな転換点の幕末から、明治黎明期に榎本による幕府軍が箱館に来たことにより、函館に多くの足跡を残してくれた。

そして、それは函館市民ぐるみの歴史を大切にした観光と経済の有用有為な財産となっている。

この価値ある函館ならではの歴史の礎は、当時の箱館市民、市井の人々の壮絶な労苦とたくましさがあってのものである。家を焼かれる者、戦火に逃げ惑う者、住民とは全く関係のない幕府軍と新政府軍の抗争から、戊辰戦争最後の戦場となったのである。

しかし、当時の先人は逞しかった。

箱館戦争後、市民は「ザンギリ返せば又来たザンギリさん、ことしゃザンギリさんの当り年」(「明治一代箱館見聞記」)と唄い、幕府軍と新政府軍の政権交代を〝皮肉った〟。庶民の言葉で激変の大事を唄にし、市民同志の連帯を作っていったのであろう。

箱館には、榎本武揚が所縁の町名が「榎本町」「梁川町」と二つあり、日本全国の都市で一人の人物に因む町名が二つあるのが、ここ函館の榎本武揚だけである。

梁川公園に榎本武揚の銅像がある。二〇一二年十二月に市民団体「榎本武揚を顕彰する会」の努力により、建立されたものである。函館市長は「榎本は、近代日本の先駆けの一人。銅像がなかったのが、不思議なくらい」と建立を祝った(「読売新聞　二〇一二年十二月二十六日」)。会の近江政斗代表は「(若者が)銅像を見て、活力を感じ、夢を抱いて海外に渡り、見聞を広めてほしい」と挨拶し、期待している。

二百数十年の徳川幕府時代から明治という二つの時代を駆けた榎本武揚を辿れば、日本と北海道の歴史と背景が伝わってくる。そして激変期と言われる現代と未来への教えを学ぶことが出来る・・・そんな街・はこだてである。

『歴史とは歴史事実との尽きぬことを知らない対話である』（E・H・カー。イギリス）　実証的な事実を掘り起こして、そこから何を学ぶのか、未来を考えることが対話であるとしている。歴史を思い考えるとは、過去を振り返るだけでなく、現在と未来を考える時こそ必要だ、ということだろう。

ドイツの哲学者ゲーテは『賢者は歴史に学び、愚者は体験に学ぶ』という言葉を伝えている。「賢者」「愚者」を抜きにして五十年そこそこの短い体験ではなく、長い時の流れで考えよ」との教えである。

「歴史と未来の共生」。はこだての未来はきっと楽しくできる。

いずみ

1　樺太・千島の国境問題
2　露公使として榎本が関わったマリア・ルス号事件
3　はこだての由来
4　「伊能地」とシーボルト事件
5　老中首座　阿部正弘
6　日米和親条約と日米修好通商条約
7　謎の男ガルトネル
8　お雇い外国人
9　榎本学会の活動
10　湯の川の由来

1　樺太・千島の国境問題

歴史的背景　嘉永六年に来航したロシアのプチャーチンは樺太全島をロシア領と主張し、幕府全権の川路聖謨が間宮海峡の発見などを挙げて反論した。困難な経緯の中で、談判の末に結ばれた日露和親条約は、両国国境を択捉島とウルップ島の間と定めた。

日露和親条約は択捉島までを日本領とし、樺太は「日露混在の地」とすることを定めている。当時、ロシアはクリミア戦争を戦っており、極東に目を向ける余裕はなかった。しかしクリミア戦争が終わると再び極東の経営に乗り出し、樺太についても多数の流刑者を移民として送りこむと共に軍隊を配置するなど、樺太の実効支配を強めようとしていたのである。一方幕府は、箱館奉行の属僚を樺太亜庭湾に派遣していたが、日本人は季節の出稼ぎ人程度で移住者は殆どいなかった。

文久二年（一八六一年）ロシアを訪れた遣欧使節の竹内保徳（勘定奉行）は樺太の国境画定について交渉したが、合意に至らず、その後、樺太の現地では日露間の紛争がしばしば発生している。このため幕府は再び国境画定の交渉を行うことを決め、慶応二年十月、小出秀実（箱館奉行外国奉行兼務）を正使、石川利政を副使とする遣露使節団をペテルブルグに派遣した。

この時の交渉で、日本側は北緯五〇度を日露の国境とすることを主張し、それで合意できないならば南の久春内をもって国境とすることを提案した。これに対し、ロシア側は樺太全島をロシア領と主張し、合意できないならば千島のウルップ島と周辺の三つの島を日本に割譲する代わりにロシア領とすることを提案した。

小出と石川は粘り強くロシア側に再考を求めたが、交渉はまとまらず樺太を日露混在の地としたまま国境に関する仮規則を定めることで合意した。

遣露使節団は慶応三年に帰国した。幕府は国境に関するロシア側の提案を拒否することを決め、日本駐在のロシア公使に通告している。

この頃、政局は混乱の極みにあり、現状を維持するしか選択の余地はなかったのであろう。帰国後の石川は、外国奉行を経て、最後の北町奉行を務めている。

維新後の明治新政府は、箱館戦争が終わると、明治三年（一八七〇年）五月、樺太開拓使を設置し、箱館戦争を指揮した黒田清隆を樺太専任の開拓使次官に任命した。ロシアの圧力に対抗するため、樺太の開拓に力を入れることにしたのである。黒田は樺太を視察して、定住の日本人があまりにも少ない状況を知り、現状では樺太は三年ももたないという報告書を提出した。この時、黒田は、ロシアに対抗できる国力を充実させるため、北海道の開拓に重点的に取り組むべきだと論じている。

明治四年、欧米の視察旅行に出た黒田は、アメリカの農務長官ケプロンと知り合い、北海道開拓の顧問に就任することを頼んだ。これを承諾したケプロンの協力によってクラーク博士らが来日し、北海道でアメリカ式の大規模農業が発展する道が開かれたのである。

帰国した黒田の建議によって明治政府は明治四年八月**「開拓使十年計画」**を決した。当時の金額で一千万円という巨額の予算をつぎ込み、北海道の開拓を進めようと言う計画であった。


ロシアとの外交交渉　明治七年（一八七四年）一月十四日、榎本武揚は海軍中将に任命され、続く一八日に樺太千島の領土問題を交渉する駐露全権公使を命じられた。北海道開拓使から駐露公使へ。

榎本にとって信じがたい話であった。世間からみても、薩長藩閥以外の出身で、しかも新政府に反逆した人物を駐露公使に起用することは、意外としか言えない人事であった。その歴史的背景を説明すると。

明治四年に出発した岩倉使節団が欧米諸国を視察していた頃、日本の国内では、征韓論が沸騰していた。版籍奉還、廃藩置県と続く変革の中で職を失った士族階級の不満のはけ口として征韓論が勢いを増していたのである。また樺太では、ロシアの圧力が強まり宮古島の島民多数が漂流先の台湾で虐殺された問題も解決していなかった。

明治六年に帰国した岩倉使節団のメンバーは大久保利通を中心に征韓論を猛然と反対した。欧米と日本の国力の差を身にしみて感じていたから「今は国力の充実を優先すべきだ」と主張して征韓論に反対したのである。閣議での賛否は同数であったが、太政大臣の三条実美はストレスから倒れ、代わった岩倉具視の上奏を容れた明治天皇によって、征韓論は退けられたのであった。敗れた西郷隆盛や江藤新平らは下野し、後の佐賀の乱や西南戦争に繋がっていく。

このような政治状況の中で、黒田清隆は国力充実策の一環として「樺太を放棄しても北海道の開拓に集中すべきだ」と考えるようになっていた。しかしロシアとの国境交渉に自ら出掛けることは出来ない。黒田は大久保の片腕として国内を離れるわけには行かなかったかである。この外交交渉には、樺太千島の事情も熟知し、国際法に通じた人物が必要である。『万国海律全書』を手にした黒田は、榎本を駐露公使に起用するよう強く推薦したのであった。

駐露公使に先立って海軍中将に任命されたのは大物の起用を相手国に印象づける意図である。日本では海軍中将は初めてであった。榎本は箱館戦争の責任者として、軍職に就かないことを心に決めていたが、黒田に説得されて、ロシアとの国境交渉にあたることを承諾したのである。三十九歳であった。

明治七年三月十日、駐露公使榎本武揚の一行は、横浜を出帆し、インド洋からスエズ運河を経て、イタリアのヴェニスに上陸した。陸路、フランス、オランダ、ドイツを経て六月十日、ロシアの首都ペテルブルグに到着したが、途中オランダ、留学時代の懐かしい人々と再会している。

この時のロシア皇帝は、一八五五年に即位したアレクサンドル二世であった。即位の翌年、クリミア戦争が敗北のうちに終わったため、屈辱的な講話条約を結んだが、この敗北で国内の保守的勢力が衰えたのに乗じて「上からの社会改革」に乗り出した。その一つが一八六一年の農奴解放令である。リンカーンの奴隷解放宣言の二年前であった。ロシアの農奴解放は、不徹底な面が多く国内に不満を残したが、やがてロシアにも産業革命の波が入ってくると、労働者を供給する源になった。アレクサンドル二世は西欧に習ってロシアの近代化を進めようとした皇帝と言われている。

ペテルブルグに着任した「榎本駐露公使は、六月十八日にアレクサンドル二世に謁見した。皇帝は、その二日後、榎本公使と共に船でペテルブルグ郊外のクロンシュタット軍港を訪れ、自ら軍艦や工場を案内すると共に、船中で盛大な宴会を催している。懸案であった樺太千島の領土問題が解決する日も近いと感じていたのであろう。

六月二十二日、榎本公使は、ロシア外務省アジア局長のスツレモーホフと第一回会談を行い、八月から本格的な外交交渉に入った。紛争のもとになる雑居状態を解消という総論では一致したが、国境をどう定めるかについては日露双方の主張が対立し、交渉は長引いた。

榎本は政府から「樺太千島の交換」を認める訓令を受けていたが、これをあくまで伏せて樺太島内に国境を設けることを主張し続けたのである。樺太を放棄するにしても、樺太における日本の権益を高くつり上げる戦術であったといえるかも知れない。榎本の粘り強い交渉によって、ロシア側は樺太の放棄と引き替えに千島列島を譲渡することを提案してきた。日本にオホーツク海やカムチャッカでの漁業権を認めることなど細部の交渉がまとまって、明治八年五月七日、樺太千島交換条約が榎本公使とロシアのゴルチャコフ外務大臣の間で調印された。

川路聖謨とプチャーチンの談判以来の懸案であった樺太千島問題は、こうして一応の決着を迎えたのであったが、日本国内では政府の弱腰を非難する声が強かった。榎本もその矢面に立たされていた。責任を伴わない立場の大衆は昔も今も「己を知る」こと無く対外的強硬姿勢を求めるものである。

開国後の明治初期の課題のひとつが、国境画定の問題。
樺太の領有問題が浮上。
政府は、黒田が推薦する榎本を全権公使として派遣。
樺太・千島交換条約を締結。
日露の国境問題を解決。
日本が初めて対外と対等にして締結した条約と世界が評価。

2　露公使として榎本が関わったマリア・ルス号事件

明治五年七月、清のマカオからペルーに向かっていたペルー船籍のマリア・ルス号が横浜に入港したとき起こった事件である。この船に乗っていた清国人の苦力一人が海に飛び込んで逃げ出し、イギリス軍艦に救助されたのである。イギリスの公使から通告を受けた外務郷副島種臣はマリア・ルス号を奴隷運搬船と見なし、乗船していた清国人の苦力二三〇人を救出するよう神奈川県令に命じた。そこで県令はマリア・ルス号の出港を停止して全員を救出したのである。マリア・ルス号の船長は訴追され、神奈川県庁に特設された特設裁判所は、清国人の解放を条件に出港を認めたが、逆に船長は移民契約に基づく乗船だと主張して清国人の変換を提訴した。この裁判で、裁判長を務めた神奈川県令の大江卓は、「移民契約の内容は奴隷契約であり、人道に反するから無効」と言う判決を下したが、これを不服としたペルー政府は、海軍大臣を派遣し事件についての謝罪と損害賠償を日本政府に要求した。

こうしてマリア・ルス号事件は国際紛争となり、両国間の外交渉の結果、国際仲裁裁判が行われることになった。この国際裁判の裁判長を第三国であるロシア皇帝アレクサンドル二世が引き受けたのである。この国際裁判で、榎本駐露公使は日本側の主張を陣弁したが、アレクサンドル二世は明治八年六月、日本側の主張を全面的に認めて、清国人の解放を妥当とする判決を下した。

この判決は、樺太千島交換条約の調印が行われた翌月であった。

農奴隷解放令を発布したアレクサンドル二世であるから、当然の判決と言えるが、樺太全島の領有を望んでいた皇帝は望み通りの交換条約に満足し、そのお礼の気持ちを込めたのかも知れない。

明治十一年(一八七八年)駐露公使を退任した四十三歳の榎本武揚はペテルブルグを出発し、シベリア大陸を横断して帰国した。出発は七月二十六日、モスクワからウラル山中を抜けバイカル湖を経てウラジオストックに二ヶ月あまりの長旅であった。

この頃プチャーチンに同行して日露和親条約の交渉にあたったポシェットはロシア政府の運輸大臣をしており、榎本の往く先々に丁重に迎えるよう指示していたので、榎本のシベリア横断旅行は無事に行われた。榎本は鉄道や馬車による旅の途中、シベリアの自然地理や人文地理をはじめ地方の産業の実態や中国との貿易の状態、各地の軍隊の兵員や装備、少数民族の分布等細かく観察し、日記に詳細に書き留めていた。

榎本は第一に何事にも好奇心を持ち、知識欲が旺盛な人物だった。オランダに留学して以来、様々な学問、特に理科系の学問に興味を持ち、研究を続けてきたが当時、未聞の地と言われたシベリアをこの目で見たいという好奇心に動かされたのである。第二に榎本はシベリアの自然や産業を視察することは、北海道開拓に役立つと考えたのであろうか。樺太におけるロシアの圧力を感じていた榎本にすれば、ロシアの軍事的な実態を観察する絶好の機会と考えたのかも知れない。

3　はこだての由来

古来はこだては「宇須岸（うすけし）」と呼ばれていた。アイヌ語で〃湾の端〃という意味である。

室町時代の一四五四年（足利義政将軍）、津軽の豪族の河野政通が今の基坂の所に館を築いた。館が箱に似ているところから**「箱館」**と呼ばれることになった。

現在の**「函館」**は明治からである。明治二年（一八六九年）に、二代目開拓使長官東久世通禧（後に侍従長）が「箱は棺を連想させる」として、中国の古典に出てくる函谷関から「函館」に改めた。九月三十日が改称の日とされている。箱館戦争終結の約三ヶ月後。

4 「伊能地図」とシーボルト事件

円兵衛が関係した「大日本沿海地全図」（「伊能図」といわれる）は、後の「シーボルト事件」に登場する。伊能図は国禁である。

シーボルトは、文政六年（一八二三年）にオランダ商館付きの医師として来日した。来日後は、出島のオランダ商館で診療にあたる傍ら、蘭学者の指導育成も行った。翌年、特別に許されて、街の郊外鳴滝に塾を開いたが、シーボルトの塾は全国から入門希望者が殺到し、大変な盛況だった。ここから高野長英、伊東玄朴、小関三英、二宮敬作、伊藤圭介ら多くの俊英が出るな、我が国洋学に大きな影響を与えた。

文政十一年（一八二八年）、天文方出仕の高橋景保、土生玄碩は、シーボルトの帰国に際し、国禁の伊能図（写し）を贈った。シーボルトが所有していた樺太の地図と交換したのである。そして、シーボルトの乗った船が暴風雨で難破したとき、帰国の荷物の中に、伊能図があるのを役人に発見された。シーボルトは日本を追放され、この事件に関係した日本人も捕らえられ、高橋景保が牢死する。この事件を契機に、幕府は洋学を厳しく弾圧し、シーボルトの門下生の多数を処罰した。のち安政五年（一八五八年）、日蘭条約が結ばれ、追放が解禁となり、安政六年に再来日し、幕府の外交顧問になっている。

5　老中首座　阿部正弘

阿部正弘は、天保十四年（一八四三年）から安政四年（一八五〇年）に老中職にいたが、黒船来航の七年前の一八四六年に、十一代将軍の斉昭ら（最後の将軍・慶喜の父）に対して

・アヘン戦争のことを考える
・もはや欧米列強の（アジア）侵略は始まっている
・武力で勝利することはできない
・無謀な攘夷を仕掛けて敗北すれば、日本にとって恥になる
・日本の通商・海運を絶たれれば、食料すら欠乏しかねない
・軍艦をつくり海防強化（富国強兵）に取り組むのが、いまなすべきことであると建議している。冷静に国内外を分析し、全体にわたる壮大な構想（グランド・デザイン）を描いていた。

嘉永六年（一八五三年）アメリカ使節ペリーやロシア使節プチャーチンが来航して、日本に開国をせまった。当時の幕閣はじめ幕府の外交当局者には、強固な攘夷者も多く、幕府権威の失墜もあって、それをどうするか方針はなかなか定まらなかったが、天保の改革で失脚した水野忠邦の後を受けて、二十五歳の若さで老中になり、老中首座の席にあった阿部正弘が事に当たった。阿部は諸大名や幕臣有志らに協調政策をとり、アメリカの国書を示して、意見を聞くという異例の処置をとり、アメリカその他の国々と

和親条約を結んだのである。　安政二年（一八五五年）老中首座を掘田正睦に譲ってから内政問題にも力を入れて。大船製造の禁を解き、海軍を創設、洋学所を設立するなどの開明的な政策を実行した。このように幕末政治の難局打開に没頭するが、激務の過労から、三十七歳若さで病死した。
もし若くして病死しなかったら、阿部正弘により幕末の歴史に大変化があったのではないかと思われる人物である。運命のいたずらかと・・・
政府の歴史教育の故か、維新の尊王の志士たちの評価と対照的なのは幕府内の人物に対する評価は本当に低いのである。

6 日米和親条約と日米修好通商条約

近代国際法が成立して以来、日本が締結した条約は、安政元年（一八五四年）日米和親条約である。これは十三ケ条からなるもので、神奈川条約とも呼ばれる。この条約は、江戸幕府が、ハリスと結んだもので、下田、箱館両港へのアメリカ寄港、物資の買い入れ、下田に領事を置くことを認めた。日米和親条約によって日本は、イギリス、フランス、オランダ、ロシアなどの国々とも和親条約を結ぶことになる。

日米和親条約は後に、安政五年（一八五八年）日米修好通商条約へと発展していく。日米修好通商条約は、日本が本格的に開国に踏み切った最初の条約であり、アメリカの権利を更に拡大したものであった。この条約には、神奈川（横浜）、新潟、長崎、兵庫（神戸）のアメリカ人居留地の設定、貿易の自由、キリスト教信仰の自由まで盛り込まれた。この条約は不平等条約で、日本は以後、日米通商航海条約が発効するまでの約五十年間、随分不利な立場に置かれたのである。

幕府はアメリカとの通商条約の批准書の交換のため、特使をワシントンへ派遣することを、最初は下田、箱館の二港が一八五九年、英国、ロシア、オランダ、ドイツ、フランス等と修好通商貿易を締結して、下田、箱館の二港に横浜、神戸、長崎、新潟を加え、開港した。

この事により、箱館は、文明開化の花が開き、十五年間黄金時代であった。

7 謎の男 ガルトネル

幕末に北海道に来たドイツ商人。

函館港が開港した事を受けて、外国人が多く訪れ、この時期函館近郊は、今まで漁場など海岸沿いを中心に開発が行われていたところ、内部開発、すなわち河川の流域だったり、平地部分の開発を中心に政策転換され、御手作場と言われる開墾地が各地作られ、田畑、果樹園等、農業により開墾された。

Rガルトネルは弟Cガルトネルと共に函館に来た。Rガルトネルは商人。弟Cガルトネルは、プロイセンの副領事の位の人間であった。Rガルトネルはかなり大規模な土地を借り、そこで農業を展開しようと画策した人。日本にあまり普及していない西洋式の農業、西洋の農具を使った農業を普及し北海道の開発をしようとした人物。幕末から箱館に来ており、箱館奉行所と契約をし、西洋農業の試作地ということで借り、箱館の鍛冶とか田家町とか近郊で行った。

又当時のプロイセン公使フォン、プラント共に北海道の内陸、奥地の方も探索しており、松前、石狩を回ってどのような要塞が建っているか、どのような植物が採れるか、どのような鉱物があるのかという調査をしていた。

その後明治維新、戊辰戦争が勃発し、最後の戦いとなる箱館戦争が道南一帯を包み込むようになり、「事実上の政権」総裁となった榎本武揚とガルトネルは、七重村の開墾条約というものを結んだ。

西洋式の農法を広めるために土地三百万坪（約一〇〇〇ha）を貸与する。国際法に則った条約的な方法であった。榎本武揚は、国際法にも詳しい人物であった。

この条約を結んだ時に一つネックだったのが・・・
この条約を破棄するには、ガルトネルの承認が必要」との文言が加えられている。ただこの条約の締結は、突然降って湧いたのではなく、もともと箱館奉行所とのやり取りの中であった。箱館戦争が起こったので、一度その話が頓挫してしまう。この条約を破棄するには、ガルトネルの承認が必要」との文言が加えられている。ただこの条約の締結は、突然降って湧いたのではなく、もともと箱館奉行所とのやり取りの中であった。箱館戦争が起こったので、一度その話が頓挫してしまう。ガルトネルは、せっかく異国の地まで来て、おめおめと帰る訳にいかないと奔走している中、榎本武揚が五稜郭を占拠することになり、これはチャンスだと！！

面積もかなり広大と考えたのである。この条約は蝦夷地七重村開墾条約書といわれ、かなりの枚数の文献が残されている。最後に蝦夷島総裁榎本釜次郎（武揚）の花印が押されている。

その条約がそのまま生きていれば、九九年間であり、一九六八年まで、ドイツ人の土地もしくはドイツの土地ということになったかも知れない。

ガルトネルの行動で、何が問題であったのか？

当時は外国人が居留地以外での生活をし、色々入ってくる外国人の管理、彼等が何を企んで、どういう事をしようとしているのか把握できない。当時の日本は、列強諸国に比べて国力は低く見られ、最悪の場合、植民化されるのではと恐れを抱いた。

また彼、ガルトネルの背景には、プロイセンだけでなく、ロシアの影もちらついている、と明治新政府は感じ、サハリンやその辺りの轍轢の二の舞になるのを懸念して、ガルトネルに貸した土地を返還してもらう方向で動き、政権が一変、明治維新政府ということで、明治三年には賠償金を払って、土地の返還をしてもらうという早急な動きをした。この条約の解消に支払った賠償金６万２５００ドル、現在の金で１２億円位である。取り戻した土地は、新政府が運営する試験農場・・・開拓使の開墾場に変わっている。

ガルトネルは賠償金を貰ってすぐ帰国せず、翌四年に帰国している。彼の友人に語った言葉が、ドイツで発刊された本に掲載されており、その中で北海道の開拓のために、既に母国プロイセンの方から、仲間を呼び寄せて、将来この場所で色々な事業で莫大な財産を得て・・・『蝦夷地、北海道をプロイセンの植民地にすることを夢見ていた。１０００万ドルあれば、北海道を買えるのではないか・・・』

「近い将来、我々プロイセンか、もしくはロシアがこの北海道を買収又は植民地にするのではないか」ということも考えていた。何故日本の中でも北海道なのか？

内地の人達は、北海道の寒さに耐えきれないだろうし、ガルトネルにして見れば、緯度的に自分の地域とさほどの差はないと考えて、自分が学んでいる農法がそのまま適用できる土地である。そうした部分を足掛かりとして、孤立した島の方が、轍轢が生じないと考え、野望を巡らしていた。ガルトネルは、帰国に際して、日本人の友人の手紙によれば「私の夢は志、半ばで本国に帰るという結末をたどりますが、北海道を開拓するということ自体、将来的に日本の発展に繋がるという風に切に願っています」という内容を記してドイツへ帰って行くという顚末となった。

この一連のガルトネルの行動が「ガルトネル事件」として呼ばれている。

8 お雇い外国人

岩倉視察団の帰国により、政府は官営工場を建設するなど殖産強兵策を推進した。官営は、外国資本の排除や国内産業の保護・育成のためでもある。当時、何よりも必要とされたのは、欧米先進国の技術や知識の移入であった。明治政府は、外国人を雇い入れ、指導や教育にあたらせることにした。いわゆる「お雇い外国人」である。

明治時代には、総数約三千人ほど、最盛の明治七年から八年にかけては五百人がいた。お雇い外国人の出身国は、アメリカ、イギリス、フランス、ドイツが大部分であり、はじめは鉄道など技術者が中心であったが、徐々に教育者、法律家、軍事顧問などが増えた。

待遇は極めて厚遇された。政府が住宅を与え、上級公務員の初任給が五十円、女工の月給が二円程度だった当時で、月給が数百円、時には政府の最高給の太政大臣の月給（八百円）を上回るものもいた。

これらのおかげで、日本の近代化は飛躍的に進んだ。

9　榎本学会の活動

榎本武揚は、政官界での活動以外でも、科学技術者として広汎な活動を行い、要職を務めた。単なる名誉職ではなく、精力的に活動したことが知られている。

・東京地学協会副社長を経て社長
・日本家禽協会初代会長
・大日本気象学会会頭
・日本電友協会会長
・殖民地協会初代会長
・電気学会協会初代会長
・日本写真協会会長
・工業化学会初代会長
・窯工会会長
・東京彫工会会長
・東京農業大学の前身、静岡（徳川）育英会による私立育英興の設立、」興主。

榎本が、最晩年こうした活動に傾注したのは、日本の将来と科学技術発展の礎に役立とうしたためであり、これからの人材育成の期待のためであろう。

10　湯の川の由来

湯川とはアイヌ語でユベツ（温泉の川）からつけられ、和人が後から来て、湯川として用いたのが始まりとされている。もともとは青森下北半島の人達が、春からこの地で漁業に従事し、秋には地元に帰るということを繰り返していた。

松浦武四郎の「蝦夷日記」には「箱館を出て、下湯川村まで二つの道がある。一つは地蔵町より浜に出て、大盛、高盛を通る海岸道路。もう一つは、亀田村を通って野道を経て、下湯川村まで、亀田から一八丁、箱館より一里半と言っている。

宝暦七年（一七五七年）「蝦夷拾遺」によると箱館には六十五戸、湯川村に二十戸ほどあり、天五年（一七八五年）下湯川村五十戸、二百人と記されている。

文久三（一八六三年）神社の脇に住む和泉仁左衛門が温泉宿を始め、明治に入ると禄を失った士族救済のため、下湯川村に近代的農業会社を創設し、洋式農業を開始した。

明治元年、旧幕府軍が五稜郭を占領、箱館戦争が行われたが、総裁の榎本武揚は度々、湯川を訪れ、旧幕府軍の療養所を作った。このとき「地中一二〇～一三〇尺も掘れば今（当時三八℃）より熱い湯がでるであろう」と言い、これを聞いた和泉仁左衛門が後年、石川藤助に話すと、井戸掘りを本職とする石川は、明治一八年（一八八五年）掘削機を使って掘削し五〇℃以上の温泉を掘り当てた。

村内には湯倉神社があり、小川の湾曲している所に立て札が立っている温泉があり、桶を埋めてその中に湧き出させている。この温泉は熱かったが、川普請の時、そばの石を掘って、湯壺を大きくしてからぬるくした。効能ははなはだ良いとしていた。

これを契機に湯の川温泉は、全国的に注目の的となり、当時の県令、時任為基は「温泉は函館に必要」として温泉場の設立を認めた。

榎本武揚の（温泉）湯脈についてのアドバイスは、大変貴重なことを教えている。地質学の見識の深さを垣間見ることができる。

特別寄稿

縄文遺跡群　世界遺産へ前進！

上村　栄次

著者が推敲中に、嬉しいニュースがあらゆるメディアから飛び込んできた。「榎本武揚さんも喜んでいるから」と著者より寄稿文を依頼（いや、小生には指示かな）された。図々しく紙面をお借りする。

諮問機関が登録勧告　七月決定

五月二十六日文化庁は、国連教育科学文化機関（ユネスコ）の諮問機関が「北海道・北東北の縄文遺跡群」を世界遺産に登録するように勧告したと発表した。七月十六日から三十一日に開かれるユネスコ世界遺産委員会の決議を経て正式に決まる見込みである。

大きな前進である。十四年越しの念願が叶うまで、あと一息の所までたどり着いた。

登録を目指して活動してきた市民や関係機関には、大きな喜びが広がっていると報道は伝えている。関係者の労を讃えたい。

地質学に造詣が深い榎本武揚も喜んでいるだろう。地質の学問に「地質年代学」という科学分野があり、年代測定などで縄文研究などの考古学に貢献している。

縄文遺跡はすごい

勧告は、四道県（北海道・青森・秋田・岩手）十七遺跡に広がる多様な遺跡群について「約一万五千年前にさかのぼる、農耕以前のあり方や複雑な精神文化を示す」と評価した。

文化庁は、「農耕以前の世界遺産は、ラスコーの洞窟壁画（フランス）など海外でも数少ない。人類の歴史を物語る意味でも、意義ある遺産となる」としている。

函館の南茅部に世界遺産になろうとしている縄文遺跡が二つもある。凄い！！

南茅部の**大船遺跡と垣の島遺跡**は、道内の六遺跡のうち最古の大規模な集落施設であり、函館市の各所からも発見されている遺跡（本誌冒頭頁の図参照）の代表格である。津軽海峡を挟んで、北海道と本州の北東北と同一の文化圏を形成していたことを顕著に教えてくれる価値ある遺跡である。しょっぱい川（海峡）をどのようにして渡り合ったんだろうか、ロマンは広がる。

世界遺産となれば、市民の財産と共に、世界の財産となる遺跡である。

「世界遺産は五稜郭、西部地区と共に強力な資産になる。コロナ収束後の函館観光の再生と復活に期待」（工藤寿樹函館市長）を与えてくれる歴史からの贈り物である。

「知る」ことからはじめたい

一九九八年から縄文文化の普及につとめてきたボランティア団体「北の縄文ＣＬＵＢ」の大宮トシ子会長は「一万年も争いがなく、豊かな精神文化を持った縄文人を多くの人に知ってもらいたい」と語っている。

縄文人からの現代への贈り物は、自然との調和、生命の尊厳と再生への祈り、対立を生まない知恵・・・など豊かな精神性の文化である。

縄文文化は現代人の私たちに様々に問いかけてくるのではないか。

私たちは、七月に見込まれる正式決定とそれ以後に向けて、まずは「知る」ことからはじめていくことが大切であろう。

「縄文の世界はおもしろい」（土谷精作著、エコハ出版）は、おもしろいので役立つだろう（体系的！）。

もう一息で世界遺産。**知る**ことからはじめよう。

日本文化シリーズ
土谷精作
縄文の世界はおもしろい
エコハ出版
戦争もなく、自然と共生し、
1万年も続いた縄文時代。
人々の日々の生活や社会、精神的な心のよりどころは何だったのか。今の文明社会のアンチテーゼとして見直す。

あとがきによせて

毎年「函館五稜郭まつり」があります。

箱館戦争の場面では様々な人物が登場し、函館五稜郭を舞台に「函館野外劇」が行われます。その野外劇に登場する様々な人物の中で、一番人気は「土方歳三」なのです。この「土方歳三」役になりたくて、希望者が殺到し、オーディションが行われるほどの人気です。敵に囲まれながらも切って切って最後は華々しく散る様子に観客は一斉の拍手を送りクライマックスを迎えます。

土方歳三は大変な美男子で観客も大満足なのです。モテるのも当然と思います。

しかし、新政府軍にとっての「新選組・土方歳三」は「近藤勇」と同様に憎々しさは異常なほどでした。

又、土方歳三は、箱館までのこれまでの人生の中では、和魂武闘派でしたが、箱館戦争では洋魂の指揮官でした。

大将榎本武揚のもと、海千山千の兵士をまとめ、兵士を叱咤激励する大変な活躍をして、幕末の京都時代の新選組土方歳三とは、一皮も二皮もむけた軍督になっていたのです。

仮に土方が戦死せず、捕えられていたら近藤勇同様、斬首晒し首の極刑にされる末期かと・・・

土方は、自らの最後をきちんとわきまえた生き方をしたのです。

そして榎本武揚・・・

戦場に於ける大将は、苦しいものと思われ、とりわけ強いリーダーシップがなければまとまらない寄せ集めの武闘集団の命知らずの兵士を束ねる一方で、半年間江戸以北、最も繁栄した箱館の行政も行っていたのです。

桑名藩主、唐津藩主、備中松山藩主など一国一城の主を最後まで客分として遇し、負け戦がはっきりした段階で、元の藩に引き取らせたのです。

玉砕を覚悟したときは、負傷者には皆、当座の路金を持たせ近くの湯の川温泉に落し、最後の戦場となる五稜郭より逃がしている。

榎本は殺し合いの戦いの場でありながら、西欧で得た人道主義と日本の武士道との混在の中で玉砕の日を迎え果てようとしたのであろうかと・・・

一般には榎本は、官軍に最後まで抵抗し、箱館の五稜郭で戦って敗れた幕臣という部分だけで、明治新政府に仕えて大臣までなったという点を潔しとしない感情を持っている人も居られると思います。

私はかねてから榎本武揚の人物に強く惹かれるものがありました。それは歴史というものは、勝者の側面から見た解釈というものでなく、埋もれた部分には真実があると思っております。

勝者も敗者も、ともに歴史を紡ぎ、歴史を支え、私達の今日を支えているのだと思います。

「幕末維新の歴史は、勝者である薩長の歴史でしかない。敗者の歴史にこそ、歴史の真実がある」と言われる作家も居られます。その点を胸に、一市井の立場から筆を進めたのです。

私は「榎本武揚ありて明治あり」と思っております。

榎本は、自己について一切触れず、ひたすら資源開発に必要な科学的な貴重な資料など、多くの綿密な著書を残しているのです。

このような謙虚さにより人間的な魅力に惹かれるのも当然と思います。

この度『榎本武揚の点描』の執筆に際しまして、多くの方に助けられました。

特に、土谷精作先生です。先生は、国際的分野で御活躍なされ、教育分野では、大学の教官として御指導をされるお立場の方より、貴重な榎本関係の資料を戴き、身に余る光栄でございます。

稚拙な一市井の私が筆を進めることが出来ましたのも、先生の御厚情の賜でございます。厚く御礼申し上げます。

又土谷精作先生と御親交厚い鈴木克也先生の御盡力下されましたこと、厚く御礼申し上げます。

船矢美幸様の御助力下さいましたこと厚く御礼申し上げます。

上村栄次様には、大変な力強い御助言も戴きました。厚く御礼申し上げます。

そして、私への励ましのお言葉を寄せてくれた友人の皆様、本当に有難うございました。

一人でも多くの方に、榎本武揚さんのことを知ってもらい、郷土函館の何かの為に少しでもなれば望外の喜びです。

新型コロナ禍が一日も早く終息し、皆様のご健康とご発展を祈念して・・・。

令和三年七月一日

根津　静江

星月夜　われもコロナも　素の粒子

（静女）

（参考文献）

土谷精作著「開国の先駆者たち」香雲山房二〇一五年八月
加茂儀一著「榎本武揚」中公文庫一九八八年四月
榎本隆充・高成田享編「近代日本の万能人・榎本武揚」藤原書店二〇一五年
須藤隆仙著「増補函館の歴史」一九八〇年
近江幸夫「函館郷土秘話」二〇一五年
山﨑文雄「生きものから学ぶ競争から共生へ」エコハ出版二〇一二年八月
司馬遼太郎「菜の花の沖」文春文庫
世界ノンフィクション全集１４「シベリア紀行」筑摩書房
中薗英助著「榎本武揚シベリア外伝」文芸出版社
満坂太郎「幕末・明治二度輝いた男・榎本武揚」ＰＨＰ文庫

井黒弥太郎『黒田清隆』吉川弘文館　日本歴史学会編集一九七七年
福沢諭吉「痩せ我慢の説」講談社学術文庫
若竹滋「函館戦争再考」中西出版　二〇一六年
「幻の北海道共和国」講談社　一九七二年
北海道研究協議会「北海道事典」北海道出版企画センタ　二〇一六年六月
令和二年度企画展「津軽海峡北岸の縄文遺跡」「展示目録」函館市立博物館　二〇二〇年七月
「日本史探訪２２」角川書店一九八五年八月
「図解幕末・維新」成美堂出版
エコハ出版編「地域における国際化」　二〇一四年八月
エコハ出版編「新しい港町文化とまちづくり」二〇一七年九月
Ｅ・Ｈ　カー「歴史とは何か」岩波新書　一九六三年

書籍名　発行日　販売価格	内容紹介
瀧本龍水著『瀧本龍水初俳句集　こまちをちこち』2020 年 5 月	著者がこの 10 年間に書き溜めた俳句を「宙」「こまちをちこち」[EROS」「感」「旅」というテーマごとにまとめたものである。テーマごとに写真や作品への想いがつけられている。別冊で全作品の一覧も添付されている。
エコハ出版編『山菜王国—山菜・薬で地域おこし』2021 年 3 月	山菜を普及させるため山菜王国がこれまでやってきた活動と今後の方針を映像を中心に紹介したもので全カラーのハンディなものとして仕上げている。山菜や薬草の知識も満載している。
エコハ出版編『ポストコロナ日本への提言』2021 年 5 月	最近発生したコロナは大きな社会的危機であるが、これが社会・経済に及ぼした影響は計り知れない。これを今後の教訓とするため、様々な角度から問題を整理し、長期的な視点で提言を行っている。

エコハ出版は、現在地域や社会で起っている様々な問題に対して新しい視点から問題提起するとともに、各地での取り組み先進的事例を紹介し、実践活動に役立てていただきたいということで設立された。出版方式としてはとしては、少部数オンディマンド方式を採用した。

今後も速いスピードで出版を続けていく予定である。

（電話・FAX）0467-24-2738　　　（携帯電話）090-2547－5083

書籍名 発行日 販売価格	内容紹介
[コミュニティブックス]『コミュニティ手帳』2015 年 9 月	人と人をつなぎ都市でも地域でもコミュニティを復活することが求められている。昔からあったムラから学び、都市の中でも新しいコミュニティをつくっていくための理論と実践の書である。
[地域活性化シリーズ]『丹波山通行ッ手形』2016 年 5 月	２０００m級の山々に囲まれ、東京都の水源ともなっている丹波山は山菜の宝庫でもある。本書では丹波山の観光としての魅力を紹介するとともに、山菜を軸とした地域活性化の具体的方策を提言している。
[農と食の王国シリーズ]『そば＆まちづくり」2016 年 11 月	日本独自の食文化であるそばについて、その歴史、風土魅力、料理の作り方楽しみ方などを総合的に見たうえで今後に世界食としての展望を行っている。
[理論と実践シリーズ]『新しい港町文化とまちづくり』2017 年9月	北海道の釧路・小樽・函館をモデルに江戸時代の北前船を源流とする港町文化を見直し、今後のまちづくりとつなげていくという提言の書である。
[農と食の王国シリーズ]『海藻王国』2018 年 1 月	海の幸「海藻」はふるじゅじゃらの日本独自の食文化を形成してきた。海藻は美容や健康に大きな効果があり、日本の豊かな食生活を支えている。地域の産業としても、これからの国際的展開という面からも海藻を見直すべきだと論じている。
[理論と実践シリーズ]『ソーシャルエコノミーの構図』2018 年 3 月	今、日本で起こっている様々な社会的な問題を解決するにあたって、これまでの市場の論理や資本の論理ではない「第３の道」としてソーシャルエコノミーの考えじゃたが必要なことを論じ、その実践的な事例を紹介する。
[日本文化シリーズ]土谷精作著『縄文の世界はおもしろい』2018 年 9 月	日本文化の源流ともいえる縄文の世界は 1 万年も続いた。自然と共生し、戦争もない社会は現代文明のアンチテーゼとして見直されている。その生活や精神性を縄文遺跡群や土偶を紹介しながらその全体像をとらえる。
[地域活性化シリーズ]『津津軽峡物語』2019 年 6 月	津軽海峡は世界有数の海峡であり、自然、歴史、文化の面で魅力にとんでいる。これを挟んだ北海道道南と北東北は歴史的にはふかいつながりがあるので、これを津軽海峡圏にしようとの動きがある。これを現実的なものとするには両地域の共通の瀬心的アイデンテティや経済的つながりが必要な歩とを検証した。
[地域活性化シリーズ]『秋田内陸線エコミュージアム』2019 年 9 月	秋田のローカル線を活性化するにあたって、沿線の豊かな「木と森の文化」を復活させ,「マタギ」や「縄文」の文化に目をむけ、これをエコミュージアムとして展開することを提言している。
[地域活性化シリーズ]炭焼三太郎・鈴木克也著『椿王国』2019 年8月	伊豆大島の椿は長い歴史を持ち島民にも愛着を持っているが、これを国際的な視点から見直し、「里山エコトピア」とって総合的に組み立てる構想を提言している。

書籍名 発行日 販売価格	内容紹介
堀内伸介・片岡貞治著『アフリカの姿 過去・現在・未来』 2012年12月 2000円	アフリカの姿を自然、歴史、社会の多様性を背景にしてトータルで論じている。数十年にわたってアフリカの仕事に関わってきた著者達が社会の根底に流れる、パトロネジシステムや政治経済のガバナンスの問題と関わらせながらアフリカの過去・現在・未来を考察している。
[アクティブ・エイジングシリーズ]『はたらく』2013年7月 2000円	高齢になっても体力・気力・知力が続く限りはたらき続けたい。生活のためにやむなく働くだけでなく自分が本当にやりたいことをやりたい方法でやればいい。特に社会やコミュニティ、ふるさとに役立つことができれば本人の生きがいにとっても家族にとっても、社会にとっても意味がある。事例を紹介しつつそれを促進する条件を考える。
風間 誠著『販路開拓活動の理論と実践』2013年11月 1600円	企業や社会組織の販路開拓業務を外部の専門家にアウトソーシングするにあたって、その戦略的意義と手法について、著者の10年にわたる経験を元に解説している。
[アクティブ・エイジングシリーズ]『シニア起業家の挑戦』 2014年3月 2000円	高齢になってもアクティブにはたらき続けるために『シニア起業家』の道も選択肢である。資金や体力の制約もあるが、長い人生の中で培われた経験・ノウハウネットワークを活かして自分にしかできないやりがいのある仕事をつくり上げたい。
[地域活性化シリーズ]『地域のおける国際化』2014年8月	函館の開港は喜んで異文化を受け入れることによって、地域の国際化におおきな役割を果たした。その歴史が現在でも息づいており、今後の年のあり方にも大きな影響を与えている。これをモデルに地域国際化のあり方を展望する。
コンピュータウイルスを無力化するプログラム革命[LYEE]2014年11月	プログラムを従来の論理結合型からデータ結合型に変えることによってプログラムの抱えている様々な問題を克服できる。プログラムの方法をLYEEの方式に変えることにより、今起こっているウイルスの問題を根本的に解決できる。
[農と食の王国シリーズ]『柿の王国～信州・市田の干し柿のふるさと』 2015年1月	市田の干し柿は恵まれた自然風土の中で育ち、日本の柿の代表的な地域ブランドになっている。これを柿の王国ブランドとして新たな情報発信をしていくことが求められている。
[農と食の王国シリーズ]『山菜の王国』2015年3月	山菜は日本独特の四季の女木身を持った食文化である。天然で多品種少量の産であるため一般の流通ルートに乗りにくいがこれを軸に地方と都会の新しいつながりをつくっていこうとの思いから刊行された。

エコハ出版の本

書籍名 発行日 販売価格	内容紹介
『環境ビジネスの新展開』 **2010 年 6 月 2000 円**	日本における環境問題を解決するためには市民の環境意識の高揚が前提であるが、これをビジネスとしてとらえ、継続的に展開していく仕組みづくりかが重要なことを問題提起し、その先進事例を紹介しながら、課題を探っている。
『地域活性化の理論と実践』 **2010 年 10 月 2000 円**	最近地域が抱えている問題が表面化しているが、地方文化の多様性こそが日本の宝である。今後地域の活性化のためは、「地域マーケティング」の考え方を取り入れ、市民が主体となり、地域ベンチャー、地域産業、地域のクリエイターが一体となって地域資源を再発見し、地域の個性と独自性を追求すべきだと提唱している
『観光マーケティングの理論と実践』 **2011 年 2 月 2000 円**	観光は日本全体にとっても地域にとっても戦略的なテーマである。これまでは観光関連の旅行業、宿泊業、交通業、飲食業などがバラバラなサービスを提供してきたがこれからは「観光マーケティング」の考え方を導入すべきだと論じている。
『ソーシャルベンチャーの理論と実践』2011 年 6 月 2000 円	今、日本で起こっている様々な社会的な問題を解決するにあたって、これまでの利益追求だけのシステムだけでなく、ボランティア、NPO 法人、コミュニティビジネスを含む「ソーシャルベンチャー」の役割が大きくなっている。それらを持続的で効果のあるものとするための様々な事例について事例研究している。
『アクティブ・エイジング～地域で活躍する元気な高齢者』2012 年 3 月 2000 円	高齢者のもつ暗いイメージを払拭し、高齢者が明るく元気に活躍する社会を構築したい。そのための条件をさぐるため函館地域で元気に活躍されている 10 人の紹介をしている。今後団塊の世代が高齢者の仲間入りをしてくる中で高齢者が活躍できる条件を真剣に考える必要がある。
山崎文雄著『競争から共生へ』 **2012 年 8 月 2000 円**	半世紀にわたって生きものに向きあってきた著者が、生きものの不思議、相互依存し、助けあいながら生きる「共生」の姿に感動し、人間や社会のあり方もこれまでの競争一辺倒から「共生」に転換すべきだと論じている。
『ソーシャルビジネスの新潮流』 **2012 年 10 月 2000 円**	社会問題解決の切り札としてソーシャルビジネスへの期待が高まっているが、それを本格化するためにはマネジメントの原点を抑えることとそれらを支える周辺の環境条件が重要なことを先進事例を紹介しながら考察する。

男の中の男・開国の先駆者　榎本武揚の点描

2021年 7月27日　初 版 発 行
2022年 8月26日　第三版発行

著　者　根津　静江
編　集　鈴木　克也

発行所　エコハ出版
〒248-0003 神奈川県鎌倉市浄明寺4-18-11
TEL 0467 (24) 2738
FAX 0467 (24) 2738

発売所　株式会社　三恵社
〒462-0056 愛知県名古屋市北区中丸町2-24-1
TEL 052 (915) 5211
FAX 052 (915) 5019
URL http://www.sankeisha.com

ISBN978-4-86693-341-2